まえがき

子育ての大切な時期、父親は仕事で忙しい。帰宅が夜の十二時をすぎることもしばしばだろう。子育ては、いつしか女房殿の仕事になってしまい、時間はどんどんすぎていく。仕事がやっと落ち着いて、わが子の子を見てみたら、すでにニキビ面になっていて、どう声をかけていいのか言葉が見つからない。そういう体験をした父親は多いだろう。

父親のみならず、中学、高校生を持つ母親も同じことを言う。父親はどうしたらいいのか、どのようなときに出番になるのかということは、けっこう関心のあることらしい。

私は、ＴＯＳＳ（トス：Teacher's Organization of Skill Sharing）という教育研究団体の代表をしている。ＴＯＳＳの活動については、テレビや新聞などでも、しばしば紹介されてきた。三十数年前、ＮＨＫをはじめ、様々なテレビ局で、「だれでも跳び箱は跳ばせられる」という私の主張が特集された。私が出演するテレビを見ていた小学生の娘（現在は一児の母になっている）は、次のように感想を私に言った。

「どうして学校では優しいの」

「もっとやせてよ」

私も世の父親と同じく、家にいる時間が短かった。たまに家にいる時も、原稿を書いたり本を読んだりしていて、子どもとゆっくりつきあえなかった。娘と話をする時は、ちゃんと応対しているつもりなのだが、どこか気もそぞろだったのだろう。きっとぞんざいになったのだ。子供はそんな父親の様子を鋭く見抜く。

返す言葉もない。父親失格である。しかし、教師としての私は、仕事の場から父親の姿を見てきた。ほかの仕事の方々に比べれば、少しは情報をもっているのである。父親失格の私ではあるが、教室から見た父親の役割ということで少し書かせていただきたい。

長い間小学校の教師をしてきて多くの子供を見てきた。子供の個性というのは実にさまざまで、感動的ですらある。人様の子供と自分の子供が違うのを見て、幼児を持つ親はうちの子は天才ではないかと思う。

ところが、小学校に入学してみると、うちの子が得意なのは、テレビのコマーシャルのまねばかりで、肝心の勉強は人様よりはるかに遅れていて、今度は「ついていけるのかしら」と悩む。こういう親はめずらしくない。

悩む親なら大丈夫と私は思っている。子供の時にあれこれ遅れているようなことがあっても、人生とはよくしたもので、どこかでとりもどしていく。成人した子とクラス会をやれば、みんな立派になっている。親が子供に対して、「人様に迷惑をかけないで、自分の力で生きていける」人間像を描いているなら、「悩みある普通の親」なのであり、そのことが一番だ。

ただ、そうではあっても、少しぐらいは勉強して、少しぐらいはむずかしい学校に入ってもらいたいというのも親心だろう。こういう点から見ると、将来伸びていく子供というのは割にはっきりしている。それは「勉強」や「趣味」などに対する態度である。ある種の態度ができている子が伸びていく。この「態度形成」というのは一度にいかなくて、長い時間かかって、親の教育と本人の個性・努力がからみあってできてくるのである。

二〇一八年七月　TOSS代表・日本教育技術学会会長　向山洋一

目次

第四章

学習の指導ポイントを掴め……53

第五章

今だから言える父娘の本音（インタビューを編集したものです。）……93

娘（向山恵理子　ケニア伝統楽器ニャティティ奏者）の本音

父親（向山洋一　日本一の民間教育団体　TOSS代表）の本音

第一章

父親の出番をのがすな

1 母親の役割父親の役割

父親と母親は、やはり役割が違う。

「役割が違う」ということを自覚することが大切だろう。母親の役割は、やはり「日常」そのものにある。一日一日の子供の生活から生じるさまざまなことを、こまめに教育するのは、母親の大切な仕事だろう。

むろん、父親も「日常」の生活に関与するわけだし、口も出すわけだが、母親に比べれば割合は低い。これは、子供と接する時間が少ないという物理的な条件にもよるのだが、中にはそのことに隠れて「日常の子供の教育」のわずらわしさから逃げ出すご仁もけっこういらっしゃる。だから、連れ合いからも「もっと何とか言ってください」と言われるわけである。

まあ、このようなことはあるにせよ、やはり「日常」の教育の中心は母親にあると言っていいだろう。

多くの父親は「子供の教育に自信がない」と思っているのではないか。もちろん、なかにはしっかりした識見を持った立派な父親もおられるが、多くの場合、子供のことは母親にまかせっぱなしになりがちだ。そして、そんなことでも、けっこううまくいっているものなのだ。

母親の方もあまり自信がなく、したがって他人の言うことをよく聞き、参考にされている方だと申し分ない。つまり、母親が七分の自信と三分の不安ぐらいなところで子育てをしているのなら申し分ない。そういう家庭の子育てはうまくいく。

教師から見て一番心配なのは「自信のない母親」ではない。逆である。「自身のありすぎる母親」である。自分の子育ての方針に絶対の自信を持っている母親がまれにいる。すべてに自信満々であり、口を開くと立派な教育論が流れ出てくる。こういう方はあぶない。他人の言うことが耳に入らない。良いと信じたことをやり通す。

実例を2つ示す。

ある母親は「早く言葉を覚えさせたい」と思っていた。そのためには、言葉に多くふれさせればいいと考えた。その道具としてテレビが選ばれた。朝から夜まで十時間以上もテレビづけの「教育」が行われた。

ところが、「言葉」を習得するのは「音」だけでは無理だ。「牛乳がおいしい」という時、牛乳という「実物」があって、それを飲む「体験」がある。そして「牛乳」という言葉があって、初めて言葉は習得されていく。テレビの「音」でいくら「牛乳」と出てきても、それは「電子音」と変わらない。相手とのやりとりがないのだ。この子は、不幸なことに、「人間の言葉」にほとんど反応しない子になってしまった。

もう一つの例は「歯の検査」にまつわる話である。

その子は定期健診で「虫歯」があると診断された。「カリエス４」である。ボロボロである。お医者さんは、その「虫歯」を抜歯した。ところが、母親は「それは不当だ」というのでお医者さんとけんかになった。毎日電話をかけ、学校にやってきて「検査表」を持ち出してしまった。

ついに裁判になった。母親は、自分は絶対に正しいと信じている。裁判の途中で、その子の抜歯した後に歯が生えてきた。乳歯だったのである。それなのに母親は裁判争いを続けた。信じられないことかもしれないが、こういう方が世の中にはいる。

その家庭には、父親もいたのである。こんな時にも、父親は意見を出さなかった。だから、事態はますます悪化した。何もない時なら、それもいい。日常生活ならそれもいい。

しかし「非日常的なこと」に対しては、父親は毅然と自分の意見を言うべきである。父親が世間を知っている場合が多くある。そして良識にもとづく判断をすることができることがある。

ある時、一年生の男の子の何人かが材木置場で火遊びをした。ボヤになって消防自動車が出動した。その時の一人の父親は立派だった。大手都市銀行の副部長をされていた方である。その翌日、半日の休暇をとり、関係方面の処理をすべてすませ、夫婦で学校に謝罪と今後の指導を願いに来られた。私もその場にいたのであるが、立派な父親だと思った。この方は、現在ある会社の社長をされているが、私が会った父親の中でも心に残る方であった。父親はこうあるべきである。

2 トラブルの時こそ父親の出番

前述のように、父親の役割は「非日常」の所にある。「非日常」の出来事は、母親では対処しにくい。母親はどうしても、「日常」から「非日常」の出来事を見ようとする。しかし、「非日常」の出来事は、そんなことではうまくいかないのだ。

「非日常」の出来事とは何だろうか。それは、一言で言って「重大事件」のことであり、「基本的な問題を含む問題」である。このような事件は決してうやむやにしてはならない。親としての情をもちながら、しかも「原理、原則」にのっとった解決を必要とする。

例えば、「子供が万引きをした」という事件が生じたとしよう。「万引き」はまさに非日常の出来事である。一家にとって大事件である。「万引き」などというのは実は、どの子にも可能性があって、多かれ少なかれ半数の子供は経験していると考えていいだろう。

しかし、多くの場合は、一回、二回できえていくものであって「発見される子」は、やはり問題なのである。

このような事件が出た時、母親はまず「隠そう」とする。かつて、私の同僚が、教室に置いたハンドバックからお金をとる子供を見つけたことがある。現認したのである。担任は校長と相談して、母親を呼んで注意をした。ごく普通にある光景である。

こんな時、小学校ではほかの教師にまで名前を知られるということはないし、学籍簿に名前を記入するということもない。ところが、この母親は帰ってから、子供を問い詰め、叱ったらしい。そして、夜すごい剣幕で担任宅に電話があった。

「子供は盗んでいません。担任に無理やり白状させられた、と言っているのです」

私はこの担任から相談を受けた。担任が現認した現行犯である。しかも、この子は前にも何回かやっていたと推定されるのだ。父親は都市銀行に勤めている。

私は「つらいのは子供だ。担任がかぶってやりなさい」と助言した。

「もしかしたら、私の間違いかもしれません」担任が言って、その場はおさまった。

しばらくして、父親が転勤になり、その子も越していった。

そして、何年かすぎた。その子の父親から電話がかかってきた。

「先生、申しわけありませんでした。いま、子供から聞きました。やはり、本当はとったというのです。長い間、先生にすまないと思い続けてきたというのです。申しわけないことをしました」

このような内容だったという。私が経験した一つの事例である。事件が起きた時の母親と父親の姿をよくあらわしている。「五年たって」電話をしてきたのも何か象徴的である。「万引き」のような「非日常的」な事件では、やはり「父親の出番」なのである。

3 トラブルが教育のチャンス

「万引き」には、一般的な発展法則がある。これを知っているだけで、ずいぶんと役に立つ。

小学生の子供が、「万引き」をする店は決まっている。文房具屋か、お菓子屋か、スーパーである。初めの頃は、本当の出来心で「欲しいもの」を盗んでくる。消しゴムとか、シャーペンとか、ガムなどである。多くの子は、一、二回やって止めるようになる。この頃に発見されるのは、ある意味で幸せなことだ。強く叱られれば、二度としなくなるからだ。

初めての万引きに成功した子の何割かはその後も続けるようになる。盗むものも、たいして変化はない。これが、三か月、四か月と続く。そうすると、困った事情が子供に生じてくる。

つまり、万引きしてきた品物があふれてしまうことだ。自分の机のまわりではしまっておけなくなり、学校のロッカーまで使うようになる。それでも足りなくなる。そこで子供は、自分の友人にあげるようになるのである。この友人たちにあげるというまでになる時期がおよそ六か月である。

ここで大切なのだが、万引きを発見して指導する唯一最大のチャンスはこの時期なのである。この時期に発見すれば、どうということはない。子供は二度としなくなるだろう。この時期は発見しやすいのである。

第一に母親が、子供のことをよく知っていれば「身に覚えのないものがどんどんふえる」という状態に気が付くはずである。それを子供に問いただすと、子供は「友達にもらった」というはずである。大切なのは、その次で「もらった友達」にお礼の電話をかけることである。これで、まずは発見できる。

第二に注意深い教師なら、次々といろいろなものを持ち込んでくる子供に気が付くからである。あるいは、「〇〇ちゃんは、いろんなものをくれるんだよ」という情報に接することができるからである。ここにも発見のチャンスがある（しかし、あまり期待はできない。この段階で発見できる教師は、かなり腕のある教師である）。

第三に、万引きした品物をあげた相手の親からかかってくる電話である。子供が見慣れぬものを持っているという事情は、「もらった子供」の場合も同じである。心ある親なら、電話をかけてくる。この段階で発見できるのである。

この六か月の時期をすぎると、指導はむずかしくなる。つまり、悪質になるのである。品物を手元におかなくなる、お金を盗むようになる、グループを作るようになる、グループを作って自分はやらないようになる——のである。

私が経験した中では、お金を盗んで学校のトイレのペーパーの芯の中に隠しておく子がいた。小学校の四年生である。この子は、一年生の頃からずっと万引きを続けており、不幸なことに発見されなかったのである。

ついでに書いておくのだが、万引きした子供を発見した時の対処の仕方である。オロオロしなくていい。一度は通るハシカだと思った方がいい。しかし、しっかり後しまつをしなければならない。子供の心に決着をつけさせなくてはならないのである。

第一は、当然ながら弁償をすることである。親が払って、子供の小遣いから返済させることである。

第二は、あやまりにいくことである。親も頭を下げなくてはならない。親が頭を下げる姿を子供に見せなくてはならない。むろん子供にもあやまらせなくてはならない。（ただし、近所の店であるとか、まだ、店には知られていないとかの場合は、匿名で手紙を書くというようなこともあるだろう）。

第三は、万引きした子供を強く叱らなくてはならない。子供の生き方の分かれ道である。真剣に叱らなくてはならない。

第四は、叱った後は、そのことを忘れなくてはならない。二度とこのことを言ってはならないのは当然としても、おくびにも出してはならない。

以上のことをするなら、万引きは、またとない教育のチャンスになるだろう。

4 解決の方向を示すことが父親の仕事

「万引き」の問題は、具体的なことであったが、ほかの場合も応用はきく。原則をはっきりとさせて、しっかりと方針を決めるのである。これが父親の仕事である。

勉強のことについても例を示そう。母親と違って、父親に勉強の相談をする場合はポイントが違う。毎日の学校のあれこれについて、相談を受けるのは、やはり母親の仕事である。中には、「お父さん、数学を教えて」というご家庭もあるが、これもいささか父親のポイントをはずしている。

勉強の相談にのるなら、「どこまでは分かるのか、どこから分からなくなったのか」を発見してやることが父親の役割である。教科書を出させ、ページを開かせる。何度も教えなくてもいい。書いてあることがわからなくてもいい。子供に聞けばいいのである。「このページは分かるのか」「この問題はできるのか」というように。

このようにして、前にもどっていくと「できなくなった所」が見えてくる。つまずきが見えてくるのである。そのことを話してやって「あわてなくてもいい。ここから、もう一度やり直しなさい」とアドバイスをしてあげればいい。

このような、基本的な方向を示してやるのである。「わからなくなった所」を、自分で克服するのがむずかしい場合、子供に解決の方向を示してやることも、時には大切だろう。「自分でやりなさい」では、できない子供だっているのだから。

「友人の中で、教えてもらえる人はいないか」

「先生に聞いてごらん」

「参考書をかってみなさい」

などというアドバイスは大切だ。子供に聞きながら、子供に選択させるわけである。あるいは、塾のことも出てくるであろうし、家庭教師のことも出てこよう。

このような基本問題をはっきりさせてあげることは、大切な父親の役割である。基本問題さえ、はっきりさせたら、あとは母親なり子供なりにまかせればいいわけである。

教師・医師・牧師などと、三つの職業をごろ合わせで言う時がある。どれも、師がつく職業である。三つの職業のごろ合わせは、あまり良い意味では使われない。「説教が好きだ」のように、非難のまとによく使われる。

しかし、実は、私はこの三つの職業に共通するものがあると考えている。それは、「失意の時」に味方になってやることを大切にしている仕事だということである。あるいは、「失敗したような、マイナスの部分」に対して、いとおしさを示してやる仕事と言ってもよい。医師が重病の人をとりわけ励ますように、牧師が罪を犯した人をいたわるように、教師もまた、できの悪い子、どうしようもない子、暗い子に、人一倍のいとおしさを持たなければならないのである。それが、プロとしての教師の倫理なのである。

親の仕事は、もっとたいへんである。それは「医師」と「牧師」と「教師」の三つを持たなければいけないからだ。しかし、自分の信念を持つことは大切だが、自分流だけでいいはずがない。度を越した「我流の教育」は、時として子供を絶望のどん底に落としこむ。いろんな意見を聞いてみて、自分が親から教えられたことを思い出して、おずおずと自分なりの方法を作ってゆく……。そんな程度がちょうどいいのだと思う。

第二章

子供の発達の見通し、前進させる向山の仮説

1 子供の発達の見通し、発達の条件

子供の発達の条件は、いろいろとある。いままでにずいぶんと研究もされてきた。昔から伝えられる子育ての諺なども、無数の人々の知恵が集められたものが多い。「子供のけんかに親は出るな」「かわいい子には旅をさせよ」などの言葉がそれである。多くの人々の体験をくぐりぬけてきた言葉は強靭な真理を持っている場合が多い。こういう「昔からの言い伝え」を学ぶことは、もとより大切なことである。

それとともに、子供の発達を預かる大人は、発達の見通しについて、自分なりの見方を持っていることが大切なのではないかと思う。「発達の見通しを親が持つこと」は、誰よりも子供にとって必要なのである。その見通しが、自分なりの経験で裏打ちされる時、大きな説得力を持つ。

「発達の見通し、発達の条件」は、大人が子供を教えるときに必要だと考えられてきた。それはその通りだと思う。しかし、子供自身にも「見通し」が必要である。やみくもに努力して成果が上がらない時、子供はすぐあきらめがちである。「どうせ、俺はだめだ」と思いがちである。自信を失った子を励まし、前進させていくためには、子供に見通しを持たせることが必要になる。

私は、発達の見通しや発達の条件を分かりやすく伝えるために、「向山の仮説」なるものを作っている。「現象と現象の関係」や「現象の中の変化」について、体験に基づいた独断と浅見に満ちた「仮説」をつくりあげたのである。「独断と浅見」の所産だから、科学性はあまりないかもしれない。しかし、かなりの妥当性はあり、説得力もある。親にも教師にも賛意を示してくれる人が多くいる。

向山の仮説は、家庭での指導の際に、参考になることがあるかもしれない。以下に紹介する。その前に書き添えておきたいことがある。

一つは、この「仮説」は、子供自身が「発達の見通し、発達の条件」を知っておくことが大切であるという所から作られたものであるということだ。子供を励まし、前進させるためのものなのである。

もう一つは、妥当性があり、説得力はありそうだが、いわゆる科学性にやや欠けるということである。それは実証する数字がまだ少ないということである。しかし、かなりの支持も寄せられている。この欠点を補うためには、多くの人々が「仮説」をつくり、検証していくということが必要になる。「仮説」を考えてみることは、なかなか楽しいことでもある。「発達の見通し、発達の条件」に対する多くの人々の知恵と体験の中から、しっかりとした内容を持ったものが生み出されてくると思う。

❷ 仮説の１　努力と発達の関係を教えて子供を励ます

向山の「仮説の１」は、「努力の蓄積と発達の訪れ」に関するものである。

「毎日毎日、努力することが大切です」とよく言う。これは、実に深い意味のある言葉だ。しかし、言葉とは逆に、毎日毎日努力しても成果が目に見えない時がある。いや、そういう方が多い。努力をしても成果が見えてこないから子供はあせる。だめだと思ってしまう。こんな時、努力と発達との関係について知っていれば、子供を励ますことができる。

「仮説の1」を、少々気取って表現すると、次のようになる。

努力は段階的に重ねなければならないが、発達は加速的に訪れる

図で示すと次のようになる。

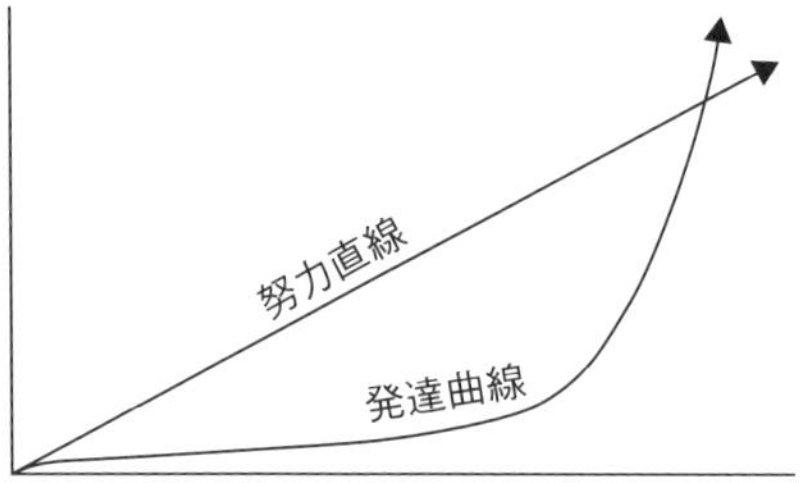

図1　努力と発達の関係図

水泳の場合を例にとって述べよう。泳げるようになるためには、何回かの「壁」がある。その中で、一番典型的な壁は、二十五メートルが泳げる直前の壁である。バタ足だけでプールの横（七、八メートル）が泳げるようになると、十六、七メートルまでの上達は早いものである。しかし、それぐらいまで泳げるようになると、上達はバッタリ止まる。これは、ほとんどの子供に見られる共通した現象である。

子供は懸命に努力するのだが、一向に上達しない日が続く。夏休みのプールに毎日やってくるのだが、上達がはかばかしくないのである。

そんな状態が続くと、練習がいやになる子供も出てくる。ついプール

から足が遠ざかりがちになる。教師の励ましや、親の励ましも、だんだんと効き目がなくなってくる。そんな時、発達の見通しを子供に話してやれば、止めてしまうことをかなり防げる。

「上達は、毎日少しずつ訪れてくるのではない。毎日毎日少しずつ貯金したのを、一ぺんにどーんとかえしてもらうように訪れるのだ」

というようなことを私は話す。

当事者の子供はもちろんだが、そのまわりの大人も、例えば親も、毎日努力を蓄積していけば、それに比例するように上達すると考えている人が多くいる。事実はそうではない。飛躍は突然訪れる。毎日泳ぐ努力をしていると、ある時パンと泳げる時が訪れる。それを越えると、次からは、いままでのことが嘘のように泳げるようになる。自転車の場合、水泳の場合など、こうした上達が顕著に見られる。経験された方もおられるだろう。

つまり「壁」を越えたわけである。「壁」とは、発達曲線が急上昇する直前の事態（努力を蓄積しているにもかかわらず、発達が目に見えてこない状態）のことを言っているのだ。「壁」をこのようにとらえると、努力と発達との関係、突然に訪れる飛躍などのことが合理的にとらえられる。

３　仮説の２　上昇曲線が訪れる「努力の蓄積の目やす」

では、努力の蓄積をどのくらいすれば、上昇曲線が訪れるのだろうか。これが分かれば、上達の見通しはぐっと身近なことに感じられる。もちろん、これは人ごとに違う。しかし、人ごとに違うのだが、不思議なことに目やすになる数値はある。これが、向山の「仮説の2」である。「仮説の2」は、「努力の蓄積の目やす」について言ったものである。

なにごとも、初歩の域を抜けるには、百ほどの努力の蓄積が必要であり、入段の域に達するには、千ほどの蓄積が必要である。

百回（百日）の努力の蓄積がされると、成長が急速に訪れる。例えば、なわとびの二重まわしが、連続百回ぐらいできるようになると、三重まわしができるようになる。

日本の昔からの教育の世界でもこのことは言われてきた。例えば、落語家の修行に「小咄《こばなし》百回」というのがある。和裁の修業にも、「まず百枚を縫え」という教えがある。将棋を覚えるのに、「まず百回指してみろ」というのがある。百回ほどの努力の蓄積があると、そこには質的な変化が見られるようになる。注意深く集めれば、この種の教えはきっといろいろな分野にあると思う。

少し古くなるが、一九七七年の四月、「ドキュメント日本人」というテレビ番組で、青森県八戸市の精神科医のことを放映していた。患者に絵を描かせたり、焼き物を作らせたりして治療にあたっている様子が紹介されていた。その中で、精神科医が話をしていた次のことが、とても印象に残った。

「初めの頃、毎日絵を描かせれば、少しずつ進歩するだろうと思っていたのです。ところが全く進歩しなかったのです」

と言って、絵を見せてくれた。画用紙を大きめのマス目に区切って色をぬり分けるだけの絵である。小学校二年生ぐらいのデザインである。これと同じものを来る日も来る日も描いていた。

「ところが、どの患者もある日突然にすばらしい絵を描くようになったのです」

と言って、その絵を示した。実にすばらしい絵だった。高校の美術クラブの生徒が描いたくらいの質の高い絵であると私は思えた。こういう突然の変化が、どの患者にも訪れたという。そして、その医師は次のように言った。

「この変化は、不思議なことに百枚ぐらい（初めのデザインみたいな）絵を描いた頃に訪れてくるのです」

私はこれを聞いていて大変力強く思った。とんでもない所に、私の仲間がふえたように思った。そして、うれしいことにその医師は、次のようにつけ加えたのである。

「誰か一人がすばらしい絵を描くようになると、他の人も次々と描くようになるのです」

私は、これも全く同感である。このことについては、「仮説の3」でふれることにする。私は第一の仮説と第二の仮説をまとめて、次のように子供たちに言う。

「上達したければ、努力を一つ一つ積み重ねるしかないのです。勉強でも、遊びでも、スポーツでも同じことです。でも、努力したといっても、上達は一歩一歩目に見えるように訪れてはきません。一日努力して、一日分の上達が訪れるわけではないのです。毎日毎日努力して、ちっとも成長しない日が続きます。でも、目には見えないけれど、身体の中に蓄えられているのです。百回ほどの、または百日ほどの蓄えができると、いっぺんで目に見えるようになるのです」

こうした話をすると、子供たちはとっても真剣に聞いている。このことを応用して、いろいろな場合に合うように話す。例えば二十五メートル泳げない子を励ますような時は、次のように言う。

「十五メートルぐらい泳げるようになると、その次はなかなか上達しません。なかなか二十五メートルまで行かないのです。毎日毎日練習しているのに、ちっとも進歩しないのです。そんな時、ついあきらめがちになります。努力しているのが無駄のように思えてくるのです。しばらくやらないでおいて、気分を変えてからやった方がいいじゃないかなどと思えてくるのです。

しかし、そんなことはありません。努力したことは、その人の身体の中にだんだん蓄えられていくのです。それがいっぱいになったとき、爆発するように上達するのです。かつて、ホームラン王の王選手はスランプの時、やはり練習することだけを心がけたといいます。いっぱいになるまでの目やすは百回です。十五メートル泳ぐ練習を百回やれば、必ず二十五メートルは泳げるようになります。

いやだなあと思っても、一日二回ぐらいしか十五メートルを泳がなければ、五十日かかります。一日に十回泳げば、十日でできるようになります。一日に二十回もやれば、五日でできるようになります。毎日練習しているのに、二十五メートル泳げない時はつらいものなのです、誰でもが通る道なのです」

「二十五メートル泳げるようになるためには、十五メートルの壁に百回挑戦することです」という内容は、科学的根拠にやや乏しいかもしれない。「人によって違う」というのが事実である。それにもかかわらず、このことはかなり有効な励ましとなる。子供たちは練習がつらい時、「百回やればできるようになるんだ」と自分で自分を励ますからである（その後、『体育科教育』という専門誌に練習回数と上達の関係を研究した報告があり、この主張を見事に証明していた）。

見通しのないやみくもな努力より、見通しのある努力の方が、やる気も持続もできるものである。多くの子は、百回までやらずに、その前にできるようになった。

私がいままでに教えたすべての教え子の二十五メートル完泳率は九九パーセントである。当時、五年生の担任だったが、二十五メートル泳げない子は転入してきた子一名だけであった。その子もまもなく泳げるようになった。

私は、子供の個性に応じて千回ほどの努力について述べる場合もある。野球の世界でよく知られる「千本ノック」や、相撲の世界で言われる「三年先のけいこ」などについて話をする。

入団の域、あるいはプロを目指した修業では、千ということが一つの目やすのように思える。その子が将来、その道をもっと深めたいのであれば、努力の数値が違ってくる。その数値を示して実行するかしないかは、その子の個性である。本当にその道に向いているなら、親があれこれ言わなくても、実行するようになるものである。

❹ 仮説の3　壁を突破した子供の波及効果

向山の「仮説の3」は上達した子供、壁を突破した子供の波及効果の問題である。

発達曲線のような形であらわれた一人の子供の上達は、子供グループ内や学級内へ波及する。

ある目標へ向かって、人々が努力を蓄積している時、一人の人間が「壁」を突破すれば、他の人々はすぐにそれに続く。

顕著にそれが見られるのはスポーツの世界である。誰かが日本新、世界新を出すと、今までその記録に到達しなかった人々が、次々にできるようになる。他の人々にも努力の蓄積がされていたということとともに、他人ができたということが自分への励ましになるのだと思う。

子供グループや学級の中でもこれと似たようなことが起こる。

ただし、一、二の留意すべき点があるように思える。第一は、波及によって上達を示すのは、結局、努力の蓄積がその人々にもあることが前提になる。何ら練習もしないで、他人が日本新を出したからといって、自分もそれに続けるわけがない。それと同じである。

このことから第二のことが出てくる。つまり、グループ内やクラス全体の中に、まじめに努力してみようという空気がある集団の方が効果が大きいということである。そういうクラスでは、一人の成長はみんなの成長につながっていく。反対に、グループやクラスがバラバラであり、まじめに努力することを馬鹿にするような雰囲気がある所では、一人の成長はみんなの成長につながらない。「あいつは別なんだ」となりがちである。

だから、教師は、クラス全体に努力する方向を示し、クラス全体を燃えたたせ、その上で、一人の成長を全員のものにしていくことが大切になる。よく言われる言葉に「一人が百歩進むより百人が一歩進むことが大切だ」というのがある。しかし、これは「同時に全員が一歩進む」ということではない。人間の発達にとって、そういうことは不可能である。「一人の一歩によって、他の人々の一歩がもたらされる」ということだと思う。

だから、できることならグループやクラスの一人一人に、何かの分野での「最初の一歩」を経験させたいものだと思っている。そのためには、教育の広がりがあり、活発であり、クラス全体の水準が高くなっていくことが必要である。

クラスの水準が低く、教育の幅が狭く形式的な所ほど、「最初の一歩」は固定化された「優等生」によってなされるものである。そういう所では、その人間だけの一歩になってしまいがちである。能力の開花も狭いものになる。

一人一人の子供が一人一人の個性を開花させ、それがお互いに影響しあうクラスの方がダイナミックな成長をするのは当然である。

5 仮説の4　どのくらい続ける力があればいいのか

小学生の時に成績が悪くても、中学校へ行ってから伸びる子がいる。その逆の場合もある。このことについて考えてみたい。

私は教師生活を長く送ってきた。この間に、子供のことについてずいぶんと親から相談されてきた。中でも勉強ができないことの相談が一番多かった。成績が悪い子供の親は、わが子のことについて次の三つのタイプに入るような態度をとっている。

第一は、あきらめてしまう親である。

第二は、あきらめかかっているけど、そのうち何とかなるだろうと考えている親である。

第三は、いまのうちはこれで良いと考え、そのうち何とかなると考えている親である。（それ以外に、きわめてまれに、勉強以外の自分の子供の個性を伸ばそうとしている親もいる）。

この中で一番多いのは第二のタイプである。ついで第三のタイプである。相談された場合、多くの教師はまず次のように言うと思う。

「そのうち何とかなりますよ。心配しないで大丈夫です」

〈人間の生き方はいろいろある〉、〈人間はいつ変わるか分からない〉という意味でなら、この励ましには賛成である。また、重病の患者を励ます医師の態度と同じで、励ますことがそれ自体として大切な教育なのだという意味でなら、この励ましに賛成である。

そのことに賛成した上で述べておきたいのである。「そのうち何とかなります」は、「何とかならない」場合が圧倒的に多いということである。正確に言えば「何もしなければ」、「ほとんど何ともならない」のである。

「何とかなった子」もむろんいる。小学生の時に、クラスで下から数えた方が早かったような成績の子が、中学に入って、「実力テストで二番でした」と言ってくるような場合がある。こういうことは、決してめずらしいことではない。

では「何とかなる子」と「何とかならない子」は、どこが違うのだろうか。それとも偶然のなりゆきなのであろうか。私の経験からいくと、このことにはかなり明白な違いがある。

「何とかなる子」は、持続的に努力することができる子である。「何とかならない子」は、努力を持続することが、極端に弱い子である。例えば、あらかじめ予告した十問の漢字テストをするとする。「何とかなる子」はこのような場合、いつも満点かそれに近い点をとる。あらかじめ練習さえすればできるということはコツコツとやる。

しかし、「何とかならない子」は、予告してあっても、悪い点をとる場合が多い。教師や親の注意・励ましなどによって、集中して練習して満点をとることがあるが、長くは続かない。しばらくすると元に戻る。「やればできる」のだが、「続けることができない」わけである。

このような場合、まわりの大人は、「やればできる」ことを過大に評価して、「続けることができない」ことを過小に評価しているように思える。つまり、「記憶力や理解力」はあるのだから、「持続力」が不足していても、そのうち何とかなるのだと考えるのである。

「知能テスト」はたいして意味もないと考える人の中に（私もそうであるが）、「やればできるのだからそのうち何とかなる」と一般的な励ましを与えてすませている人を多く見かける。私は「記憶力や理解力」は劣っていても良いが、「持続力」を育てていくことは大切なことであると思っている。

「知能テストが良い」ということは、たいした才能ではないが、それとは別の「やることをやれる」「続けてやれる」ということは必要な才能であると考えている。そしてこの才能は、先天的なものではなく、生活の中で獲得されるものであり、それを獲得させる過程こそ教育（学校・家庭）の大切な内容であると思っている。

では、どのくらいの続ける力があればいいのかということが問題になる。

その人間の努力の持続度は、あることを過去、百日間にやった日数で示される。

何のことでもいい。勉強でも手伝いでもスポーツでも……。私の場合は、毎日書かせている日記で判定する。

日記を過去百日間にわたって調べさせる。きちんと書いている日は一点である。抜かした日は〇点である。まとめて書いた日や、短く書いた日は〇・五点である。その学年の水準の長さのない文の場合

（高学年ならノート半分以下）も〇・五点である。一日分が二、三行というのは〇・五点となる。

これを合計した点（努力係数）が九十点以上なら優秀である。たとえ現在の成績がどれほど悪くても心配ない。六十点未満は要注意である。「何とかならない子」は、この努力係数がきわめて低いのが共通した特徴である。

そういう子には上に行っても何とかはなりにくいことを、伝えた方がいいと思う。なぜならこのことは、本人の心がけとまわりの大人の援助で、いくらでも伸ばしていくことができるからである。治療が十分に可能な病気に似ている。そのままほっとけば何ともならないが、本人とまわりの人の心の持ち方でいくらでも治療ができる。

（こういう私の言い方は不遜であるという人がいるかもしれない。人それぞれでいいのではないかという人もおられると思う。それは理解できる。人はさまざまであり、大人になって弱さを克服した人もいる。しかし、そういう人は少数である。私は教師だから、最後まで治療活動をする医師と同じように、生きていく力・生きていく能力を育てていくという姿勢を崩してはいけないと思っている。それが教師の仕事であると思っている）

私が新卒の頃に受け持った子供で、大変頭の回転の早い子がいた。知能検査の結果もクラスで一番良く、発言も活発で、絵を描くこともスポーツも得意な子だった。成績も大変良い子だった。ただ、この子には欠点があった。予告した漢字テストの練習を極端にやらないことと、日記をほとんど書かないことだった。しかし、それ以外はとても優秀だった。努力するよう何度か注意したり、話しあったりしたのだが、一時は努力しても続かなかった。

私は一抹の不安はあったが、この子はこの子でいいではないか、毎日コツコツと練習をする子よりよほど子供らしい子だと思っていた。そして、コツコツ練習することは、たいしたことではないとも思っていた。

その子は中学に入り、学年が上になるにつれて成績が下がり、卒業の頃にはクラスで最下位に近くなっていた。まわりの強い説得にもかかわらず進学をあきらめ、職を転々とするようになった。人はそれぞれの生き方があるので、この子の生き方が悪かったとは思っていない。その子にどういう生き方が良かったかは、他には分からないものである。この子はこの子なりに幸せであったと思う。

しかし、中学の終わりになって自分の進路を考えた時、その幅がきわめて狭かったのも事実である。私はもっと多くの可能性をその子に用意してあげたいと思った。彼は、職を転々として、多くの人に不義理を重ねた中で、仕事にとっても「続けることが大切である」ことを身にしみたみたいだった。彼はよく私の所にやってきて、一献傾けながらそうした話をしてくれる。

小学生の時、クラスで知能指数が最も良く、頭の回転も良く、性格も明るく、スポーツマンであった彼が持っていたたった一つの欠点、漢字の練習をしないということが――それに代表される努力の欠如が彼の人生を左右したように思える。むろん、その後の人生で彼に「やりたい」ものが生まれれば、また人生は変わっていただろうが、彼は「やりたい」ことにめぐりあえなかった。子供に「本人がやりたいこと」にめぐりあわせ、その道をすすませるのも大切なことである。

その子と同じクラスに逆の場合の子がいた。その子はクラスで下位の成績だったし、知能検査の結果も良くない子だった。スポーツも得意ではなく、発言することも下手な子だった。しかし、大変、まじめな子であった。漢字の練習はきちんとやるし、日記は一ページ分を下書きまでして毎日必ず書いていた。正確にはそのことだけはできていた。それ以外の勉強は思わしくなかった。

しかも、日記の文などもたいへん下手で、二年も書いていて一向に上達しなかった。一生懸命やっているのにちっとも良くならないのである。私はついには励ます言葉もなくなるほどだった。しかし、私は次のように言い続けた。

「絶対にあきらめるんじゃない。努力を続ける限り、必ず上達する時は訪れるのだから……」

励まし続けるのは、教師と親の大切な仕事である。

その子は中学に入ってもパッとしなかった。中学二年の時、少し良くなった。そして中学三年の時、いくつかの教科で学年一位、二位の成績をとるようになった。後に母親が、「向山先生の励ましが心の支えでした」と言っていた。努力は五年にして実ったのである。努力はすぐに実らない。しかし、五年ほどすれば実るとは言えそうである。

私は、学年で一位だから良かったと言っているのではない。子供の願いをかなえるために、それなりの必要なことを、それなりの見通しを持たせることが必要だと言いたいのである。

子供はいろんな願いを持つ。「二十五メートル泳げるようになりたい」という子もいる。「ぼくは頭が悪いけど、勉強ができるようになりたい」という子もいる。「スポーツの選手になりたい」という子もいる。「腕のいい大工になりたい」という子もいる。こうした一つ一つの願いが実現できるように励まし、足りない部分を育て、見通しを持たせていくことが大切なのである。

6 仮説の5　テレビ視聴時間が示す子供のルール適応力

「やることができない」「続けることができない」という子供たちには、何が足りないのだろうか。もちろん、多くの原因が考えられる。

私は小さい時からの子育ての中に、不足していたものがあると考えている。それは、「自律性」を伸ばしていく配慮が欠けていたのではないかということである。乳児は初め、親から律せられている（教育の教という象形文字の原義は〈身ぶり手ぶりをまねさせる〉という意味である）。

やがて、子供は自分で自分のことが律せるようになっていく。そのために家庭教育が必要なのは、言うまでもない（教育の目的は、やがて教育することを必要としない人間に育てることにある。自動車教習所の目的は、やがて自動車教習所へ来る必要のない人間にすることにある）。

したがって、家庭の中では家庭教育の方針があり、それを手間ひまかけて教育することが必要となる。家庭教育の方針の幹は、「自分のことは自分でやるようにする」ということだと思う。

例えば、「続けてやることができる子」を見ていると、小さい時から「後片づけは自分でする」ように育てられてきた子が多い。「後片づけを自分でできる子」にするためには、思いつき程度では身につかない。一歳の誕生前から、そうしたことに母親が気を配っているのである。

初めは親が「ないないしようね」と言って片づけてみせ、ものがつかめるようになると遊びのように一緒に片づけてやり、面白がって自分でやろうとする子供を上手にほめ、遊んだら必ず片づけさせるようにし、ちらかしてあったら叱るというようにである。

ここまでで、二年も三年も月日をかけ、子供が三歳を越す頃には後片づけは自分でやるというように育てている。長い時間と手間ひまかけた家庭教育の中で、「続けてやれる」という力も蓄積されていく。

逆に、「続けてできない」子供は、こうした点で不十分であったと思える（親が病気であったり、忙しかったり、本人が病弱だったり、理由はいろいろだろう）。こうした子はそれ以外にも「忘れものが多い」「やることが雑である」というようなことが見られる。

中でも顕著な指標になるのは、テレビを視聴する時間が長いということである。テレビ視聴時間が長すぎるのは、「家庭教育が不十分であった」「家庭内でのルールが作用していない」、したがって、「子供が自由勝手である」ということの一つのあらわれなのである。

テレビ視聴時間が長いということだけで、「忘れものが多い」「持続的な力が弱い」「ノートなどが雑である」という傾向が予想できる。テレビ視聴時間が長いということは、それ自体が害しかもたらさないのだが、それ以外に家庭教育の不十分さも示している。家庭内でテレビを見るルールがなかったり、あってもそれが生きてなかったりするわけである。テレビを見るルールがないということは、他の面のルールも弱いと推定される。

テレビ視聴について私は次のように言ってきた。これが「仮説の5」である。

①忘れ物が多い子は、テレビ視聴時間も長い（一日に四時間以上テレビを見る子の多くは、忘れ物が多い）。

②テレビを長く見ることは害があり、その害は見た時間の二乗に比例する。

例　一日に一時間　1×1＝1（マイナス1）

二時間　2×2＝4（マイナス4）

三時間　3×3＝9（マイナス9）

（小学生で一日に七時間〈マイナス49〉という子がいた）

③小学生でテレビを見る限度は、一日に一・五時間くらいまでである。

テレビを見すぎるために起こる害については、いくら言っても言い足りないくらいである。テレビゲームも同じである。特に三歳ぐらいまでの子供は、見せない方がいいとさえ思う。乳児の時、テレビをつけた部屋で育てると、人間との交信ができにくい子になる。人間の言葉にきちんと反応しにくくなる。

テレビの長時間視聴の害は、最近よく言われるようになった。しかしまだ、その害について軽視されているように思う。

私は海岸近くにある工場地帯の学校から、田園調布などを学区域とする住宅地へ転任した。どこへ行っても子供の能力はそう変わらない。しかし、はっきりと分かる違いがあった。それは、住宅地の子供は、あまりテレビを見ないということだった。

私のクラスのテレビ視聴の時間である。参考にしていただきたい。

〇分間……二人　　　三十分間……六人
一時間……九人　　　一時間三十分……十六人
四時間……一人

これは、単にテレビ視聴時間が短いということではないと思う。家の中にルールがあり、ちゃんと守られている。親がそれぞれの家庭教育をしているということも物語っている。

二十年ほど前に、都の教育研究所が、同じ知能の子でありながら、Ⓐオール５に近い子とⒷオール１に近い子についての大規模な調査をしたことがある。知能が同じなのに、どこが違っているのかを調べたのである。

Ⓐの子とⒷの子と共通して言えることが二つあった。成績のいい子Ⓐは、①テレビ視聴時間が短い、②家の手伝いをしている、というものである。成績の悪い子Ⓑは、①テレビ視聴時間が長い、②家の手伝いをしていない、というものであった。

①と②は同じことを言っているのである。つまり、「家の中に家庭教育の方針があり、自分のことは自分でやるように育てられている」ことが大切だということである。この調査は中学生だったので、「自分のことをやる」ことからすすんで「家族としての仕事を分担する」というように進歩した内容となっている。

7 教師と親の連携

いまの所、向山の仮説はここまでである。これ以外にも、テストのうっかりミスと消しゴムの使い方との関係などの考察もある。こうしたことがいくつかあり面白いが、別の機会に述べることにする。

私は教育の本にはなかなかあらわれてこないことを、そしてそのくせ大きな意味があると思えることを書いてきた。それもできるだけ大胆に断定して、狭く限定して述べるようにした。この方が、読者の方々がわが子わがクラスを考える場合の参考になると思ったからである。

教師の責任については直接ふれなかったが、仮説の1から5までは、教師に対する批判を含んでいると思っている。学校教育の荒廃に対しては、教師には大きな責任があると私は思っている。そのために私は、いくつかの本も書いてきた。私自身ももちろん責任を負うべき一人である。しかし、教師のみが過大にそれを背負い込むのは正しくないと思う。教師と親は子供の教育に責任を持つべき車の両輪だからである。

病人を治す時、医師は現代の医療技術を駆使し、患者を励まし、家族に注意を与え病気と闘う。私たち教師も、現代の教育技術を駆使し、子供を励まし、親と手を結んで「発達障害」と闘う。それがどれほど困難であってもである。だから教師と親は、より大きな連帯を作り出すために、時には相互に批判することも必要とされる。

第二章

父親は子供とどう関わればよいか

1 親子の会話、三つの大切な時間帯

子育てというのは、幼児の時ばかりではなく、小学校、中学校まで一貫して続くものである。だから、幼児の時から、両親が家庭で子供といかに接していくか、ということが子供の将来にとってとても重要なことになる。

子供は親によって育てられていく。教師はそのお手伝いをするにすぎない。そして、その中心は「親子の会話」である。親子の会話なくしては、子育ては非常にむずかしい。上手に子供とつきあうことこそ、子育てのポイントである。

一日にどのくらい親子の会話があるだろうか。私は全校の児童について何回か調査をしたことがある。すると、驚くべきことに、親はたいてい一時間とか一時間半、中には二時間と答える。子供の方は十分から十五分とはるかに少ない。どうしてこんなに差が出たのか。親はこうありたいという願望に引っ張られるが、子供は意外に現実をシビアに見ているという結果なのである。

親と子が、会話らしいものをするのは、次の時間帯である。

第一は、食事の時（前述のように、テレビがついているとだめである。子供との会話を重視するなら、食事の時にテレビを消すべきである。私どもの調査では、年収が高いほど、学歴が高いほど、食事の時にテレビは消してある。もう、二十年も前から、はっきりとした差が出ている）。

第二は、手伝いをしている時である。この時は、けっこう会話をしているものなのだ。

第三は、お風呂に入っている時である。この時も、会話は多くなる。

以上、三つを除くと、会話は激減する。

実は、もう一つ、会話をふやす方法がある。それは「家族で出かけた時、外食した時」である。この時も、親子の会話はふえる。だから「家庭サービス」もやはり、できるだけすべきだろう。

お風呂の時間も、父親の帰宅が遅い家庭はない。お手伝いも男の子はあまりしないし、女の子でも、最近は時間が少なくなっている。

そうすると食事の時が親子の会話、特に父親との会話のゴールデンタイムということになる。親子の会話のある家庭と、ない家庭ではここの所がとても大きな差になる。

かつて、同じ知能指数で成績がオール5のグループとオール1のグループをある研究所で調べたことがある。知能が同じなのだから、同じ成績をとっていいのに、片方はオール5であり、片方は、オール1なのである。いろいろな因子があって結論は出せないのだが、はっきりした特徴が二つあった。

成績がいい子は、テレビをあまり見ていない。そして家の手伝いをしている。

テレビ視聴時間については、前章の「仮説の5　テレビ視聴時間が示す子供のルール適応力」でもふれたが、食事中、テレビを消している家庭では親子の会話は二十～三十分になるが、テレビをつけている家庭ではわずか一～二分しかない。「テレビを見ていながらでも会話がある」という親もいるが、それは親の自己満足にすぎない。小学校の例だが、成績の上位の子供の家庭は、ほとんどが食事中にテレビをつけていなかった。

もちろん、商店経営や父親が単身赴任をしている家庭ではハンデを背負っていることになるが、それを自覚していればエ夫しだいでいくらでもカバーできる。問題なのは「親子の会話の時間がとれるのにもかかわらず、テレビなどでその時間を奪われてしまっている家庭である。「親子の会話」不足は子供に責任はない。親がしっかりその事実を知るべきである。

これは、むろん「テレビを見るな」ということではない。テレビは大切な情報源である。しかし、「一日に二時間まで」というようなルールが家庭で決められていて、コントロールされているのである。こうしたことが、長い間に、学業にまで影響を与えていくのだと思われる。

小学校の例だが、テレビを見る時間について家庭でルールが作られていない子供と、作られている子供を調べてみると、作られていない子供には忘れ物が多いという傾向があった。テレビを見る時間は子供の知的好奇心、学習態度に大きな影響を与えると言われている。

テレビを見る時間をコントロールすることも考えてみるとよい。

こう考えれば、やはり、会話の時間をふやす努力をしたい。前述した三つのうち、できることを努力すべきだろう。

❷ 親と子の意識の違い

親と子のそれぞれの意識の違いについて大きな落差があることをご存じだろうか。

私はご両親に「お子さんをよくほめる方ですか」と聞く。また、子供には「家で両親からよくほめられている？」と聞く。一緒に暮らす親子だから、答は一致しているはずである。ところが女の子の場合はそれほどはっきりとした違いはないが、男の子の場合は極端に違いが出た。

親は子供のことをほめていると思っているが、子供は親からそうほめられているとは受け取っていない。これはどちらが正しいのか、ということよりも、親はそれなりにほめているにもかかわらず、子供はほめられていないと思っている所に問題がある。

例えば、プールで初めて泳げた子が喜びいさんで帰ってきた時、お母さんがどう言うだろうか。「わあ、すごい。よくやったわねえ」とほめると思うのだが、そのあと、どのお母さんもたぶん「今度は十メートルをめざしてがんばってね」と続ける。この時、子供は〝ほめられた〟とかんじるのではなく、〝がんばれ〟と、お尻をたたかれたと受け取る。

こうしたタイミングが大切である。昔から「三つ叱って七つほめろ」という諺があるが、どうもこれが逆になっていることが多い。ややもすると「七つ叱って三つほめる」ということになりがちである。

子供が努力した時、あるいは進歩を見せた時、そんな時こそケチらずに思い切りほめてあげることである。それが子供を伸ばすコツであり、非行を防ぐことにもつながる。

私が勤務した学校では、この調査を全校をあげて実施した。すると次のような結果になった（**図2**）。

このような差は、まだある。グラフⒷの家の手伝いをとってみよう。これは、男・女ともに同じ傾向を示す。親は、「子供に手伝いをさせている」と信じているのだが、「子供は手伝いをしていない」と思っているのである。大事なことは、学年がすすむにつれて、親との差が広がる一方だということである。小学校一年生の時には、「よくお手伝いをした」と思っている子供も、高学年になると、「あまり手伝いをしない」と思うようになる。

しかし、逆に高学年になるにしたがって、親子の意見が歩みよるものもある（グラフⒸ）。「勉強しなさい」とよく言われるかという問いなどがそうである。

また、学年を通じて、親子の意見が同じで、しかし、高い割合を示すものもある。「約束は守るか」という問いなどがそれである（グラフⒹ）。親は守っていると思っているし、子供も約束は守っているととらえている。

ここで大切なのは、父親の「約束のキャンセル」である。会社の仕事その他で、子供との約束がキャンセルになる時がある。子供は、笑顔で大丈夫だよと言っても、忘れないものなのだ。それが二度あると、父親への信用はゆらぐ。三度もあったら、信用されない。私は、一度は許されると思う。親とて、どんなことが生じるか分からない。そんな場合もあることを子供に教えるべきだろう。

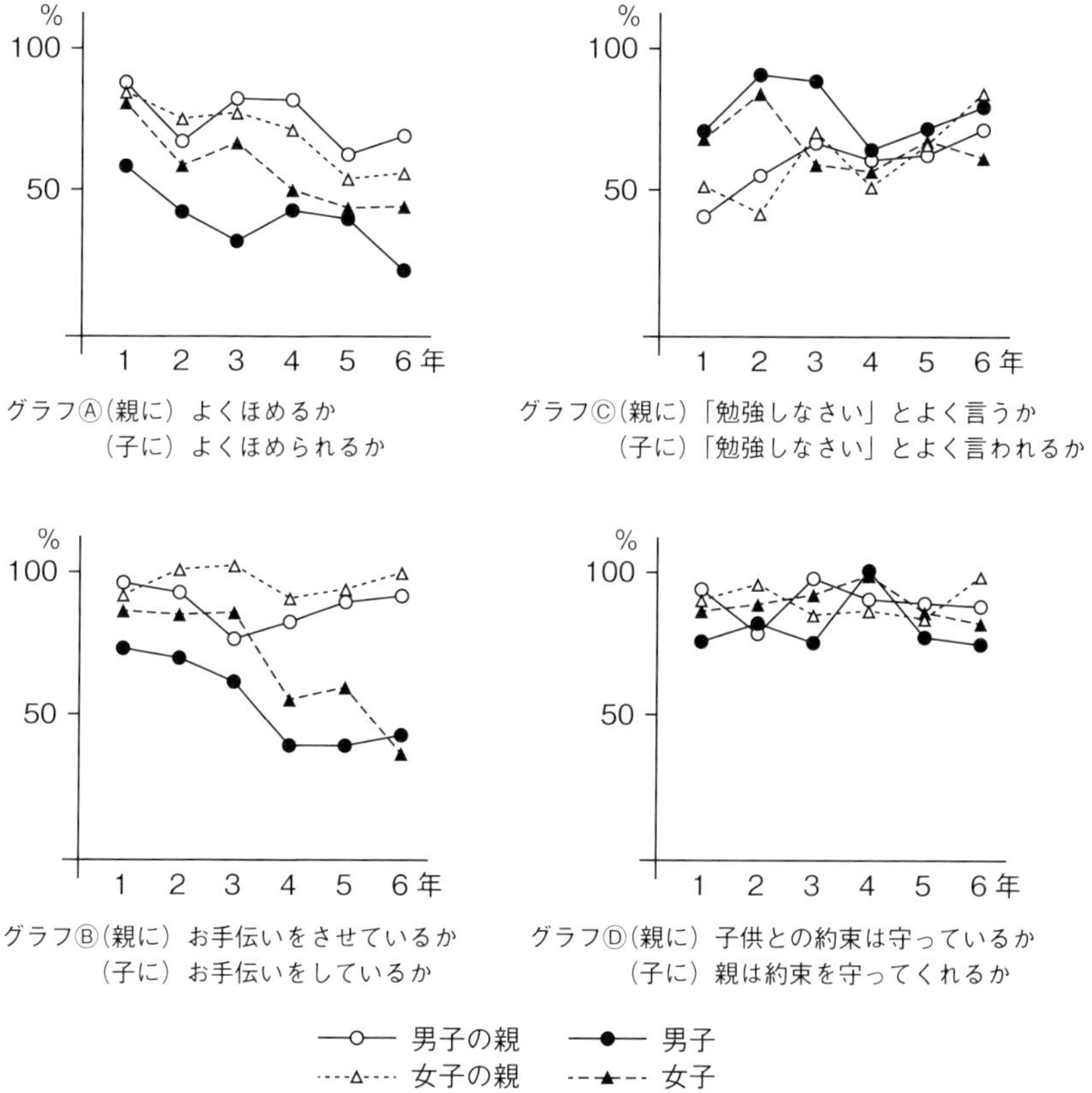

図2　親と子の意識の違い（ある小学校全学年の調査）

しかし、その行使はよほどの時に使うべきだ。二度、三度の子供との約束のキャンセルは、自分の身に返ってくることを覚悟すべきだと私は思っている。「約束」を秤にかけて、子供の方をとる親なら、子供はどんな時でも親についていくものである。

子供との約束を大事にしない父親はいない。しかし、「仕事の約束」と同じくらいに大切に思っている父親は少ないのも事実だ。私は、教師として、子供との約束はよほどのことでないとたがえない。その時は事情も話す。子供は約束に敏感なのである。

③ やる気にさせるほめ上手

子供の力を伸ばしていくためにはどこに目をつけたらよいのか、そのポイントを考えてみると、まず、「子供にやる気を起こさせること」である。

そのためには、上手に励ますことが大切になる。

「だめじゃないの、こんなことでは！」と頭ごなしに叱っては、意気消沈してしまう。「だめ」と言わずに、「こうすれば大丈夫」「前よりよくなったね」と励まし続けることである。そうすれば子供のやる気も芽生えてくる。

そして、良い所を一つでも見つけて「ここがいい」「ここが良くなった」と、ほめてあげれば子供に自信を植えつけることになる。

やる気になるのは、どんな時だろうか。第一に、「ほめられた時」である。人は、誰しも、ほめられればうれしい。私の母はいくつになっても、料理をほめられればすごく喜んだ。すぐれた教師というのは、「ほめ上手」なのである。

ほめ方も一通りではない。「正しい答えを出した子をほめる」などという単純なことではなく、しばしば間違えた答えの子をほめる。「それは、すごい発想だ」「誰にも考えられなかったことだ」というようにほめるのである。つまり、「正しいか」「間違いか」という尺度ではなく、「思考の範囲が広かった」という点でほめるわけである。

「この写真を見て何か気がついたことを言ってごらんなさい」という時、すぐに手が挙がらない時がある。子供は「いい答え」をしようとして迷っているのだ。そんな時、ある子が「空がある」と言う。教室の子は、ドッと笑う。どこでもある光景だろう。そんな時、私はもちろん「ほめる」。「クラスのみんなの手が挙がらない時、君は答えたのだから偉い」とほめる。そしてコロンブスの卵の話などもしてやる。

このように「ほめる」方法はいろいろある。ほめることがない時でも、「昨日の君に比べれば、すごい進歩だ」とほめられる。他人と比較することはない。このように、すぐれた教師は「ほめ上手」なのだ。だから、子供は「やる気」になる。

ところが、「ほめ上手」の教師は少ない。「叱りぐせ」とでも言うのか、「叱るのが趣味」とでも言うのか、年中叱っている教師もけっこういる。叱られれば叱られるほど子供は「やる気」をなくしていく。「暗～い教室」を作るのは簡単だ。教師が一度もほめなければいい。教室は暗くなり、子供はやる気をなくす。ほめることのできない教師――それは罪悪だ。教師を辞めるのが子供のためである。

子供に「やる気」を起こさせるのは、すぐれた「教える技術・方法」を身につけるのと同じくらい大切なことである。すぐれた教師というのは「すぐれた教育技術・方法」を身につけているとともに、「やる気」を起こさせる名人でもあった。どんな状態の時に「やる気」になるかを考えるのは大切なことである。大人でも子供でも、人間にそんなに違いがあるわけではない。自分自身のことを振り返りながら、考えてみればよい。

五つの漢字を覚えるとする。練習するときに「やろう」と思って練習したのと「いやだ」と思って練習したのでは、結果に大差が出てくる。「いやだ」「いやだ」と思いながら練習したのではなかなか覚えないし、「やろう」と決意して練習したのであれば、すぐに覚えるだろう。同じ方法で練習したとしても、結果に差が出てくる。「やろう」と思う状態をつくることができれば、まさに優れた教師なみの指導力があるということだ。

4 人は「考える」ことが好き

人は「考える」ことが好きな動物である。「考える」ことが嫌いな人などいない。誰でも「考える」ことは好きなのである。

ただ、「考える」ことが嫌いになっている場合がある。いつも算数のテストで悪い点をとっていたら、算数を見れば頭が痛くなってしまう。音符を見ると、目まいがしそうな人もいよう。「できないこと」「できないことでいやなこと」を何度も感じているうちに、いつの間にか、拒否反応を持つようになってしまうのである。

そういうことがあっても、人間は「考える」ことが好きなのだと思う。私は、算数で「難問時間」という勉強をする時がある。一枚のプリントに十問くらいの難問が並んでいる。一見するとやさしそうだが、実はむずかしい問題である。例えば「5割る7の小数第百位の数字は何か」というような問題である。このような問題が十問並んでいる。

そして（ここからがミソだが）、次のように言う。

十問の中から一問だけ解きなさい。一問だけ解ければ合格です。

どの子も熱中する。「算数が嫌いだ」と言っている子も熱中する。一時間、頭を使い、そして「先生、これ、家でやってきてもいいですか」と言ってくる。それなりの条件を整えてやれば、人間は考えることが好きなのである。

あれこれ考えられる時――人はやる気になる。

あれこれ考えられるとは――考える方向がはっきりしていて、しかも多くの考えが許される時である。

自分の思いつき、自分の想像が広く許される時である。

ブレーン・ストーミングで、「他人の意見に対する批判」が厳禁されているのもこのためである。教師（他人）から認められ、ほめられ、自分の考えをあれこれめぐらすことができ、しかも「できる」という自信に支えられたとき、人は「やる気」になる。教師は、このような「やる気」を毎日毎日の中で、クラス全体に対しても、一人一人の子供に対しても作っていかなければならないのである。

やる気を起こさせるのも考えようによっては立派な技術である。しかし、「やる気を起こさせる技術」は、一人一人の教師の個性がにじみ出るようでないと効果が少ない。人間が人間にやる気を起こさせていくという、人間的なぬくもりを持った技術だからである。

五年生の道徳の授業であった。私は一つの問いを出した。

「次の①～⑦の言葉はある一人の人物が本当に言った言葉ですが、どんな人か想像しなさい」という問いである。

①「ぼくは足し算は得意じゃないし、引き算ならまあね……」

②（大失敗の時は）「もうなんてこんなにバカに生まれたんだろう。そのたった一事がどうして気がつかなかったんだろうと思いました」

③「ぼくが本当に成功した例は二回ぐらいですね。失敗した例は、大きな失敗は三回ぐらいかな。だ

けど小さな失敗はしょっちゅうしています。だから失敗に慣れちゃって、失敗なんかへとも思わなくなりました」

④「だいたい、予測の速いやつってのは伸びないね。聞いてね、『分からん』と考え出してね、一週間ぐらいして『分かりました』って、やってくるやつの方が将来伸びるね」

⑤「ぼくは幸か不幸か生まれつき鈍だから……鈍才肌なんだ」

⑥「ぼくはね、学生の時からそんなに成績もよくなかったし、いちばんビリっけつでもなかったけど、ぜったい上の方でもなかったんだよね。いつもまん中よりちょっと上ぐらいの所だよ」

⑦「ぼくなんか、田舎の高校を出て、大学にビリぐらいで入ったわけですよ」

子供たちの予想は次のごとくであった。

A「あまり上手ではない大工」……クギを打つ時トンカチを自分の手に打ったり、材木の寸法を間違えたり、そういうことで大きな失敗、小さな失敗をしたと思う。

B「ドジなことばかりする会社員」……あまり計算がとくいでないから。お茶をのむ時、あつくてこぼしたりする人だと思う。

C「教育者になりたいと思っている学生」……「予測の速い人は伸びない…」と言っているから。

D「小学校の先生」……とにかく大学を出ているから。

E「のんびりやで、ドラえもんに出てくるのび太のように人生長いやと思っている人」……大学にビリで入ったのに、ふつうの人だったら「こんどはがんばる」と思うのに、この人は「ですよ」なんてのんびり言っているからです。

F「自分のことをだめだと思っている人で、運の悪くも良くもない人」……自分のことをだめだと思っているから、あまり伸びない人だと思う。

G「絵を描く人」……計算に関係ないから。

H「力仕事をする人」……あまり頭をつかわないから。天才だったら、もっといい仕事だってできるはずだから。

I「店のレジ係」……足し算は得意じゃなくて、引き算はまあまあだから。レジで計算機でやれば、ただ「おす」だけだから。

J「学校の先生」……学校でのできごとを書いているから。向山先生みたいな感じがするから。

さて、父母の方々はどのような予想をされるであろうか。子供たちの予想のAからJまでの答えのどれに近いであろうか。人はさまざまで、さまざまであるからこそすばらしい。子供たちも、まさに、さまざまである。この子たちが、どのような人生を描いていくのか、誰一人測り知れないから、教育という仕事はやりがいがあるのかもしれない。

さて、冒頭の人は、次の方である。

広中平祐・数学者　ハーバード大学教授・京都大学教授。

知的な授業をするクラスでは子供たちはどんどんかしこくなる。知的な授業をするには教師は勉強しなければならない。まずは、多くの教師の工夫を学ぶことである。全国にはたくさんの教師がいて、すぐれた授業は本になっている。ポイントも示されている。すぐれた授業は、「なるほど」と思わせるものがある。それを学ぶわけである。

5 手間ひまをかける

子供の中には、いつも一人ぼっちでいる子がいる。原因はさまざまである。その一つに、運動能力が低いという子がいる。

ある年、四年生を担任した。勉強のとてもできる子で、いつも一人ぼっちの子がいた。休み時間、一緒に遊んで原因が分かった。ボールをうまく投げられないのである。その子が投げると、二、三メートルしか飛ばないのだ。身体にどこか支障があるわけではない。たぶん、これまでに「ボールを投げる」という遊びをほとんどしていないのである。

五月の家庭訪問の時、そのことを話し、「お父さんのご協力をいただいて下さい」とお願いした。お父さんは、一流企業に働く人である。

そして、しばらくたって、その子に様子を聞いた。すると、

「お父さんと、キャッチボールをするけどつまらない」

と言う。どうしてかと思ってさらに訊ねた。私は「なるほど」と納得した。

その子のお父さんは、「三十分キャッチボールをしよう」と言って、外に出て「三十分に百球投げろ」と言うのだという。一流企業に働くエリートの方としては、このような発言をするかもしれないが、これでは子供は離れていく。子供と一緒になって遊んでやって、そのための時間も多少は覚悟して、その中から育てていくしかないのである。

私とて、偉そうに書ける資格もないのだが、父親が特に男の子と付き合う場合は、やはり「キャッチボール」「野球」「自転車」「釣り」など、一緒に遊ぶことが何よりも望ましい。父親と遊びに行ったことは、日記にも書かれるし、友達にも話されるし、先生にも伝えられる。それほど子供は内心得意に思っているのである。

私の教え子の父親には、野球の好きな人がいて、休みの時は、子供たちを集めて面倒を見ていた。休みになると、「○○さん、野球に行こう」と子供たちが迎えにきていた。そのうち、手のあいた父親が手伝い、お母さんたちも差し入れをして、夏休みにはキャンプなどをするようになった。こういうつきあい方が、クラスの中で一グループか二グループ生まれている。

子育ての一時期、このような時間のとり方をできる方は、ぜひおすすめする。見ていても、聞いていても、実に楽しい光景だ。子供たちは、どの子もたくましく育つ。友達もいっぱいできる。

第四章

学習の指導ポイントを摑め

1 教科書の組み立て

「家庭でどのように勉強させたらいいですか」と尋ねる方がいる。何を教えるかと言えば、むろん、第一に教科書である。そして、教科書を補うものとして他の教材を考える。例えば「問題集」である。家庭で教えるポイントは、「教科書をどのように教えるか」ということである。

「予習」か「復習」かと言えば、「復習」に重点をおく。学校で習ったことが、きちんきちんと身についていくことが必要なのである。

予習も悪いことではない。しかし、過度の予習は「授業に対する興味」を失わせる場合がある。腕のある先生なら、いろいろとフォローするだろうが、力があまりなくて、教科書通りに解説しているだけの先生の授業では、興味を失いがちである。授業がつまらなくなり、おしゃべりばかりするようになるのは、やはり困りものである。「予習のプラス」など吹っ飛んでしまうくらいのマイナスだ。このようなことは、子供によってさまざまなので、一概に言えない。

その点、復習は心配ない。いい先生のクラスの復習なら、スイスイできてしまう。授業のあまり上手でない先生のクラスの子供こそ、復習が必要なのだから、復習はぜひ奨励したい。いずれにしても、復習はいい。「先生の説明が分かる」ことでいいのだが、これも先生によりけりのところがある。だから、「教科書に書いてあることが分かる」ということを目やすにしておくといい。

教科書の復習をさせるとき、ぜひ教科書の組み立てを理解していただきたい。教科書によって多少の違いはある。小学校四年生算数の「面積」を例にしながら説明してみよう。

単元　教科書では、教えることがらを一年間で十五ぐらいに分けている。その一つ一つが、あるまとまりになっている。このまとまりを「単元」と言う。教科書は一つ一つの単元が一つのまとまりになっている。単元にそれぞれ名前がついている。これを「単元名」と言う。これから例示する教材の単元名は「面積」である。

小単元　さて「面積」で扱う内容はいくつかある。それをいくつかのグループに分ける。小さなまとまりを作る。この方が教えるのに便利だからである。子供にとっても学習しやすい。この小さなまとまりを小単元という。ある教科書では、「面積」は三つの小単元からできている。

一、面積
二、長方形や正方形の面積の公式
三、大きな面積の単位

これが、四年生の「面積」で習う内容である。

問題設定一　小単元は、問題設定から始まる。例題と考えてもいいのだが、単なる例題ではない。その学習がなぜ必要なのかを最も端的に示す問題が出題される。例えば、**図3**の面積はどちらが広いだろ

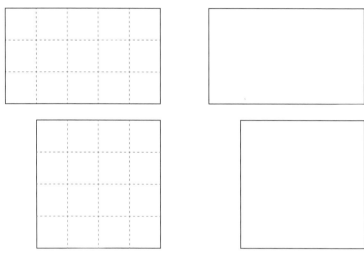

図3　どちらの面積が広いか

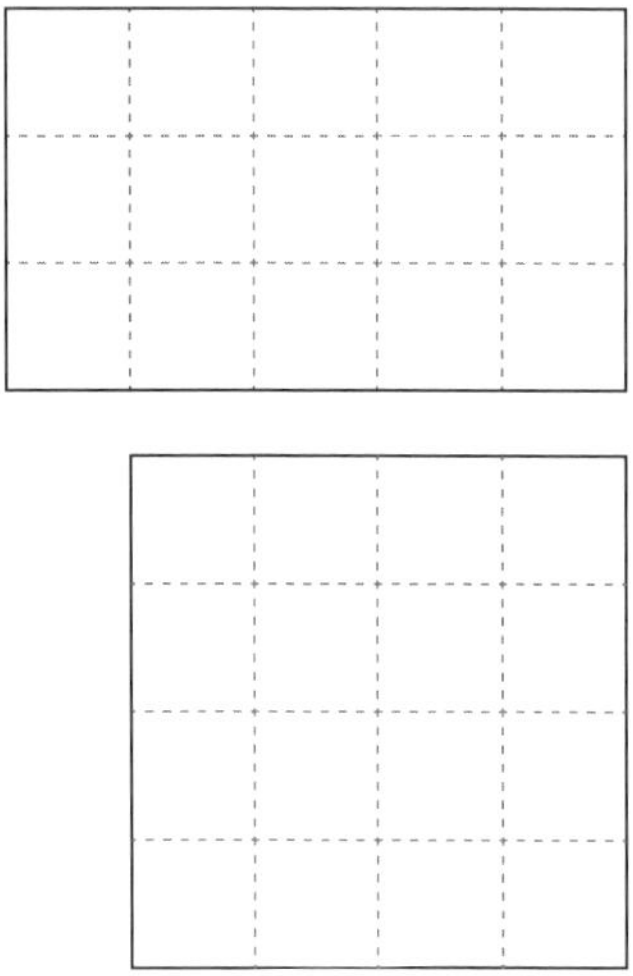

図4　図3を方眼紙に写し取った図

うかという問いである。

面積の出し方をまだ習っていない子供は、紙を折ったり、長方形、正方形を細かく分割したりして考える。ここで「面積」の意味についてとらえさせていく。

問題設定二　次に図3を方眼紙に写し取った**図4**が示される。

これを数えさせて、一平方センチがいくつ分かを答えさせる。

例題　そして、簡単な例題が出る。

ここまでが一つの小単元のまとまりである。

続けて、第二番目の小単元が同じようにくり返される。

練習問題　一つか二つの小単元ごとに練習問題が出される。

基本問題だが、例題よりも少しむずかしくなっている。

まとめの問題　基本問題より少し発展させた問題が出される。

復習　一学期に二回ぐらい復習の問題が出てくる。これはその学年に習った問題から出されるので、このように何回もくり返しながら勉強していくことになる。螺旋《らせん》階段を上がっていくように、時にくり返しながら学習はすすむ。つまりスパイラルになっているわけだ。

さて、子供が、これらの問題をすべてできているのなら問題はない。「ノート」に答えを書いてみて「答え合わせ」をしているのなら、「できた問題」にチェックの印をつけていけばいい。この問題にチェックの印をつけていくというのは、きわめて大切な技能なのである。

さて、子供が、何題か間違っているということなら、これも問題はない。間違った問題に「できなかったという印のチェック」を入れて、もう一度やり直しておけばいい。やり直してできたら、できたチェックを入れる。すると、次のような印になる。

✓　✓
（1）↑はじめ間違えたチェック
（2）↑やり直したらできたチェック

大切なのは、「どこからやり直すか」教えることところが、時にはお子さんがあれもこれも間違えているという事態が生まれる。こんな時こそ、父親の出番である。「教えてやる」というよりも「どこからやり直すか教えてあげる」という態度が大切である。ここで「教科書のしくみ」がものをいう。

まず、第一小単元の問題設定の問題をやらせる。「つまずく子」は、ここの所が分からないことが多い。先生の説明がまずかったり、その時休んでしまったり、あるいはおしゃべりしてしまったり、何かの原因でつまずいているのである。

そして「例題」をやらせる。「例題」ができれば、「練習問題」はできる。ほんの少しむずかしくなっているだけなのである。時間がかかる子がいるが、いくら時間がかかってもかまわない。あわてさせる必要はない。「ちゃんとできる」ことだけが大切なのである。

「練習問題」ができたら、「まとめの問題」へとすすませる。二、三問間違えることがあるかもしれない。お母さんが教えてやってけっこうである。「学校で先生に聞いてらっしゃい」と言うのもいい。「友達に聞く」ということでもいいだろう。できなかった所をはっきりさせて、そして何らかの方法で解決させればいいわけである。

子供はもともと算数が好きである。できたことがはっきり分かるからである。ところが、途中から嫌いになっていく子が出てくる。それは、「かけ算」「分数」などの時に多いのだが、しかし一回一回の授業について言うと小さなステップである。小さなつまずきをそのままにしておくと、いつの間にか「算数嫌い」になってしまう。

教科書の組み立てが分かることによって、「どこで間違えたのか」「どこをアドバイスすればいいのか」が見えてくるわけである。

❷ 国語力をつける五つのポイント

自分自身の体験と、教師二十年間の経験を通して思うのだが、国語力をつける基本は、やはり本をいっぱい読むということである。ここで大切なことなのだが、「本を読む」ということは「本が好き」な子には何でもないが、「本が嫌い」な子にとっては苦痛でしかないということだ。

そんな「本が嫌いな子」に、親はえてして、さらに追いうちをかける。「名作」と言われる本を与えるのである。「名作」は確かに面白いし、感動をもたらしてくれる。が、それは、本が好きな子にとっての話である。本が嫌いな子には、どこがいいのかさっぱり分からないという場合があるのである。

「本をいっぱい読む」ことの原則は、「好きな本を読む」ということにつきる。「名作」は嫌いだが、野球の本なら読む――それならそれでけっこうである。野球の本をどっさり読めばいいのである。野球に限らず、どんな分野でもいい。いっぱい本を読んだら、「本を読む力」「国語力」はついてくるものである。

国語力をつける二番目は、漢字を練習することである。小学校で習う漢字は全部でおよそ千字、これはやはり練習するしかないのである。

が、ずいぶんと不経済な練習方法をしている子がいる。例えば、「利」という漢字を覚えるのに、ノートに二十も三十も書いている場合である。どっさり書けばいいというわけではない。こういう練習のしかたをしていると、「禾（のぎへん）」を書いて、次に「刂（りっとう）」を書き加えてゆくようになる。身に覚えのある方もいらっしゃるかと思う。

漢字を覚える上で大切なこと、それは漢字の「覚え方」を身につけるということである。この一点こそが最大のポイントだ。これを知るだけで、三分の一も時間の節約になる。長い人生では大きな差が出る。

まず、

指で書けるようになる

ということである。初めから鉛筆を持ってはいけない。

次に、

指書きの際、必ず画数を唱える。例えば、川という漢字なら、「イチ、ニイ、サン」、田なら、「イチ、ニーイ、サン、シ、ゴ」となる。

画数を唱えながら、指で書けるようになってから初めて鉛筆で五回くらい書くのである。その効果は大である。

この漢字学習システムで作った「あかねこ漢字スキル（光村教育図書）」は、驚くほどの勢いで多くの先生方に支持され、広がりを見せている。

国語力をつける三番目は、ノートをていねいに書くということである。理科でも社会科でも、ノートのていねいな子の方が、国語力は伸びる。いや、ノートがていねいな子は、どの科目も伸びていく。ノートの書き方によって、その子が伸びる子かどうか判断してもいいくらいである。落書きなどは、もってのほかである。「ノートがていねいかどうか」は、親ならすぐに見てあげられることである。

国語力をつける四番目のポイントは、テストの問題の文章に慣れるということである。例えば、次のような問題文があるとする。

Ⓐお母さんはどんなことを言いましたか。
Ⓑお母さんにどんなことを言いましたか。
本文からそのことばを写しなさい。

ⒶとⒷでは、答えは異なる。テストは問題文の要求するように答えなくてはならないのである。自分で勝手に判断してはいけないのである。「…写しなさい」とあるから、一字一句違わずに本文から抜き書きしなくてはならない。漢字の所をひらがなにしても、一文字抜けてもだめである。句読点を一つ落としても間違いになる。

実は子供にとって、問題文を理解するのは、けっこうむずかしい。時には大人が何度か、ていねいに解説してやることが必要になる。これはテスト問題を解く技術ではない。「求めていることに正確に答える」という、国語力をつけるポイントなのである。

最後の五番目の国語の実力をつける方法として名文の暗唱を入れておきたい。「小諸なる古城のほとり」など、親が昔習った詩文でいいのである。私のクラスでは、卒業までにおよそ三十ほどを暗唱させるようにしていた。卒業後、「習っておいて良かった」という反響が多い。小学校でも「やさしい古文」が入るようになった。

名文の暗唱は、やはり、国語の基礎を作るのである。家庭でやるのだから多くはいらないだろう。一学年で二つも暗唱させれば十分である。低学年の子には「言葉遊び」などの面白い詩がいいと思う。

私は冬になると百人一首を教え、百人一首を暗唱させる。

百人一首全部を覚えるには、どのくらいの時間がかかるだろうか。一首覚えるのに十五分として、その百倍と計算してみるが、この計算方法でいいのだろうか。

実は、このように計算はできないのである。第一首目が一番時間がかかる。それは「百人一首を覚える」という学習の方法が身についていないからである。「あることがらを覚える」ということは、「あることがらを覚える」だけではなく「覚え方」もまた身につけるのである。

詩をいくつか暗唱させているが、これも同じである。一番目の詩の暗唱に時間がかかる。

漢字練習でも同じことが言える。一年生から漢字の練習をきちんとしてきた子供は、「学び方」を身につけている。だから、わりあいに短い時間で覚えられる。ところが、そうではない子は時間がかかる。これはしかたがないことなのである。いつかは、通過しなくてはいけないことなのである。

小学生なら遊びながら「百人一首」を覚えられる。中学・高校になればほとんどの学校で百人一首を暗唱させられるが、子供のうちから身につけておけば強い。

ところが「百人一首」の「遊び」には大きな欠点があった。「百枚覚えるのが大変」「百枚やるのに時間がかかる」ということである。私たちは、この欠点をなくすために「五色百人一首」を発明した。百人一首を二十枚ずつ色別に五組に分けるのである。すると「ピンク」「ブルー」「グリーン」などの札が

写真１　五色百人一首の写真

二十枚ずつできる。

そして、初めは「ピンク」などの「一色」（二十枚）で遊ぶのである。百枚やると三十分もかかるのが、二十枚だと三分ぐらいで終わるようになる。百枚覚えるのは大変だが、二十枚なら手が届く。

しかも、この五色百人一首にはもう一つの工夫がある。とり札の裏に上の句が印刷されているのである。

これは、競技中に「上の句」がかかれている裏を見ていいためである。遊びながら、覚えていくのである。私のクラスでは、帰りの時間などに毎日十分ぐらいずつ遊んでいて、二週間ほどでかなりの子が百人一首一色全部を覚えてしまった。次の色は、もっと早く覚えてしまった。子供は百人一首が大好きである。「百人一首」「百人一首」とコールが起きるほどである。

子供の時に、ほんの少しでも百人一首をやった経験は後で生きてくるのである。「読み方」などは自己流でいいのである。ぜひ、ご家庭で百人一首をやっていただきたいと思う。

（五色百人一首の購入・問い合わせ先　東京教育技術研究所）

3 やさしい算数指導の進め方

私は長い間、小学校の教師をしてきた。その間、算数がよくできる子も、苦手とする子も、たくさんいた。算数がよくできる子というのは、「計算問題」はマスターしている。計算問題は算数の基礎というわけである。

ところで、「算数がよくできる」タイプには、二通りあるようなのである。例えば、**図5**のような問題を解くとする。

〔問題〕5を7で割ったときの、小数第百位の数字は何ですか。

図5　算数の問題、体力で解くか、頭脳で解くか

これは、答が0．714285714285 7……となっていく。714285がくり返されていくのである。そこに着眼すれば、きれいな解き方が得られる。塾などに通っている子は、きれいな解き方で解こうとする。その中で二割くらいの子が正解を出す。

一方、この問題をまともに計算しようとする子がいる。延々と計算を続けていくのである。ノートもいっぱい使う。時間もかかる。算数の問題を体力で解くわけである。

私は、どちらのやり方でもいいということを強調して言う。自分に合った方法で解けばいいのである。「体力派」に対して、「そんなやり方はだめ」と言うと、せっかくのやる気を摘んでしまう。

私のクラスには「体力派」はけっこういた。私立中学の入学試験のときは、「頭脳派」より結果は良くなかった。しかし、大学の入学試験では「体力派」の方が、結果がいいようだった。東京大学・慶応大学・早稲田大学などに合格した子のほとんどは、「体力派」の子だった。

このような、「体力派」が「頭脳派」に勝るという事実の中で、何が大切なのだろうか。それは子供が、「自分なりのやり方で解ける」という自信を持つことなのである。「時間はかかるが、とにかく解ける」という自信は、算数の問題に立ち向かう上でとても大切なことである。

家人が大学院に行っていた時のことである。理学部数学科専攻の学生と話したことがあるそうだ。東京大学だから、その学生は数学が得意と考えていいだろう。

家人が、「あなたは、小さい時から、数学が得意だったんでしょうね」と聞いた。「得意なことは得意だったんですが……」と言ってから、彼は一時期スランプに陥ったことがあったと言った。それは高校生の時だった。病気で一か月ほど休学した時、数学の問題が突然解けなくなったのである。そして、彼はそのスランプからどうやって脱出したのか。

家人は次のような話を聞いて、驚いたそうである。彼は、方程式を解くのに、xの所に「1」から順番に数字をあてはめていった。「1」がだめなら「2」、そして「3」というように、解けるまでずっと続けていったのである。そして、このやり方でも方程式は「解ける」と、彼は実感した。その時に、地獄のようなスランプから抜け出したというのである。「自分のやり方でも、問題は解ける」という自信が彼にとってどれほど励みになったかが、お分かりいただけると思う。

子供に算数の力をつけさせるのに、親は、えてして「問題の解き方を教えてやる」ことのみに力を注ぎがちである。でも、実は、それ以前にもっともっと大切な指導の方法があるのである。

第一は、分数の式や図を書く時、必ず定規を用いるということである。定規を使って線がきちんと引けるということは、物事にていねいに取り組めることにつながる。算数の時、定規を使いこなせるようになるには半年くらいかかるが、これだけでテストの点は十点も上がる。うっかりミスの例の多くは位取りの間違いによるものだが、定規を使いこなすことによってつちかわれた能力によって防ぐことができるのである。算数の教え方が上手な先生はみんな、子供に定規を使わせている。

第二は、「教科書の組み立て」でも述べたが、教科書にある練習問題に印をつけさせることである。例えば、正しく解けたら、問題の番号に斜線を引き、解けなかったら、✓印をつける、というようにする。教科書の練習問題にきちんと印をつけられるようになれば、その学年の水準以上の力はつく。私のクラスでは子供に印を必ずつけさせている。また、間違えた問題は、あとでやり直しをさせる。

第三は、算数のノートには消しゴムを使わせないということである。間違えた所こそ大事なのである。間違えた所には、二本線を引かせて、訂正させる。消してしまったら、どう間違えたかが分からなくなってしまうからである。

以上の三つの指導方法は、日常、子供の算数の勉強を見てあげる際に簡単にできることである。そして、子供にとっても、算数がもっとできるようになる勉強方法なのである。

ただし、これは親にとって根気のいる指導方法である。一度や二度言ったくらいでは、子供はすぐ忘れてしまうだろう。十回、二十回でもだめかもしれない。半年、一年と長い日数がかかる。しかし、この習慣が子供の身にしっかりついたら、中学の数学でも、また高校の数学でも、きっと役に立つことだろう。

さて、家庭で教えていて頭を悩ませられるのは文章題だろう。教師でも時折、指導するのに苦労させられることがある。指導の際、よく陥りやすい間違いは、一つ一つ条件を聞いていく方法である。これは子供の学力はつかない。

例えば、左のような問題がある。

〔問題〕 50 メートルある道の片側に、5 メートルおきに木を植えることになりました。木は何本必要ですか。

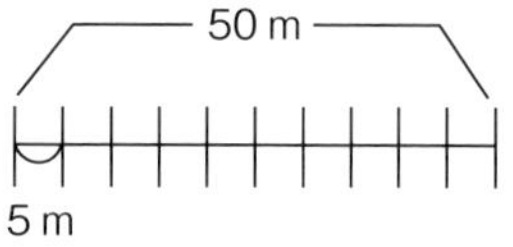

図６ 文章題の解き方

母親は子供に、次のように聞いていく。

母「道は何メートルあるの」

子「五十メートル」

母「何メートルおきに木を植えるの」

子「五メートル」

母「そうね。図を書いてごらん。…それで、式はどうなるの」

子「50÷5＝10」

母「これで大丈夫？　よく考えてごらんなさい」

子「あっ。初めの一本が入るんだ」
母「そうね。式にしてごらんなさい。」
子「50÷5＋1＝11　答え十一本」
このような、母と子のやりとりになる。これでは文章題の勉強にはならない。子供は計算をしているだけだからである。子供につけさせたいのは、「計算する力」ではなくて、「筋道立てて考える力」なのである。文章題の解き方のコツは、問題の中に出てくるいくつかの数がどのような関係になっているかを、式に正しくまとめることである。したがって、聞き方は次のようにする。

この問題は、何を聞いているの。

子供から「道に植える木の本数を出すこと」という答えが出てくる。それが大切なのである。つまり、「この問題が求めているもの」が子供の頭の中にイメージとして浮かばなければ、問題は解けないのである。
次に、子供に条件を聞く。

どんなふうに木を植えるの。

子供は、「五十メートルの道に、五メートルおきに植える」というように答える。これもまた、大切なのである。ここから子供にじっくり考えさせるのである。文章題を解くのに要する時間は、子供によって差がある。決してあせらせてはいけない。時間がかかる子がいて当然である。「早くやりなさい」などとせかせると、子供のやる気をそぐ結果になり、親のそれまでの努力が水泡に帰することにもなりかねない。

４ 社会科の勉強のポイントは情報をつかみ出す力

「社会科」というと「暗記もの」という感じがあるのではないだろうか。中学校の期末テストのとき、必死で覚えた人名、地名のことなどがチラチラするのではないだろうか。こんな印象で、子供に社会科を教えようとすると、きっと戸惑いを覚えるはずである。そこには、自分の印象とずいぶん違う「社会科」があるからである。

そこで、ぜひ、子供が持ち帰る「社会科のテスト」に目を通していただきたい。何かむずかしそうな気がするが、大人から見れば実に簡単なことである。

例えば次の問題である。

これは、小学五年生の社会科のテストである。「何かを覚えている」ことは必要ない。

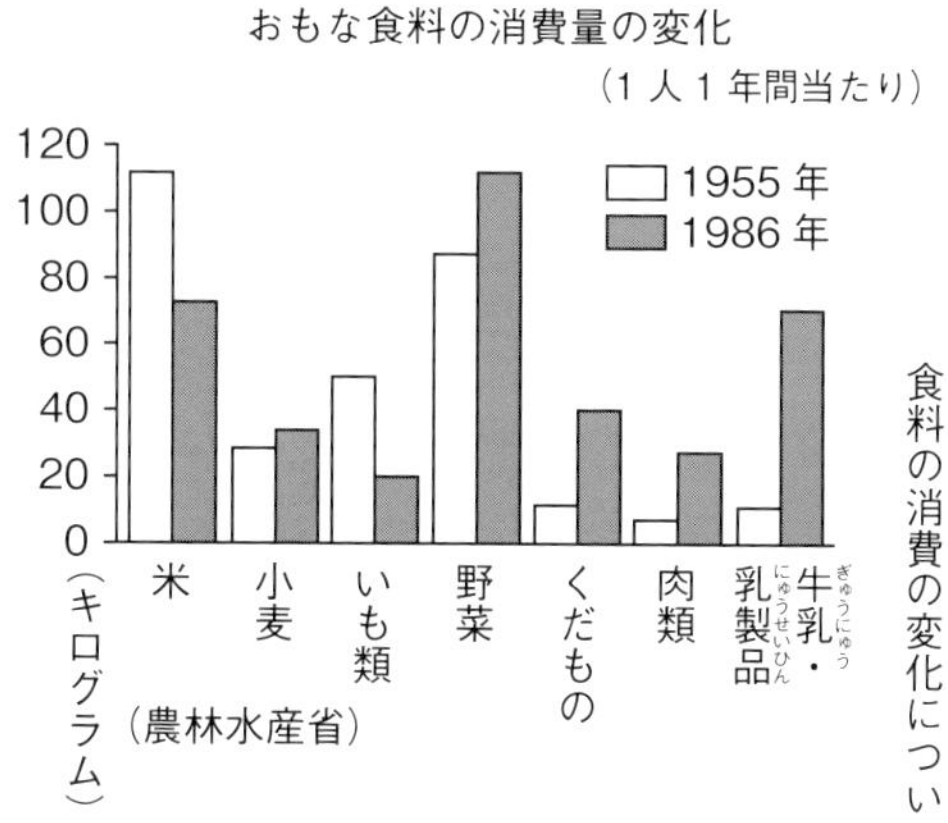

食料の消費の変化について答えなさい。

1　消費量のわりあいがへったものを二つ書きなさい。
（　　）（　　）

2　消費量のわりあいが大きくふえたものを三つ書きなさい。
（　　）（　　）（　　）

図7　小学校5年生の社会科テスト

グラフを読めれば、答えは書いてある。そこから、「分かること」「考えること」はいくつぐらいあるだろうか。

また、一枚の写真（あるいは絵）を見て、どれだけ考えることができるかというのも社会科教育のポイントである。社会科の教科書や資料集には多くの写真が載っている。一枚の写真から、学年レベルでどれだけ言えるかの目やすを記す。

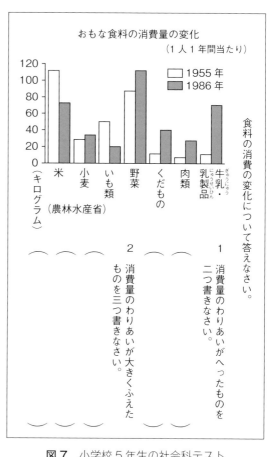

四年生……五　個
五年生……十　個
六年生……二十個

これ以下なら、社会科の力は弱いと思っていいだろう。社会科の力のある子なら、一枚の写真から百個くらいは、意見を言うことができる。一枚の写真から、百個以上というのが、力のある子の目やすである。

「写真」「絵」を見ると、建物、人、道路、川、家、道具、植物、自然、看板、車などが出てくるのである。こういうことを一つ一つ見ることが大切である。

次に、「分布」について注目する。○○が多い、○○が少ない、という変化である。

そして、もっと違う見方を教える。時間や場所に関することである。いつごろの季節かな、時間はいつだろう、どの方角から見ているのかな、この場所はどこだろう。こういう見方を育てていくのである。社会科では、グラフ、写真などから情報をつかみ出す力が大切なのである。

五年生の社会科では、このような問題が半分以上なのである。そこで、社会科ができるようになるには、グラフを読みとることが必要になる。

なぜ、グラフを読むのが必要なのだろうか。それは、グラフには、情報が詰まっているからなのである。情報をつかむことが必要になるわけである。

社会科は「社会事象」についての「見方、考え方」を深める勉強である。「社会事象」というとむずかしそうだが、具体的に考えるとよくあることである。

「家でお母さんはどんな仕事をしていますか」というのも「社会事象」である。「八百屋さんは、売るためにどんな工夫をしているか」というのも「社会事象」である。「製鉄工場では、どのように鉄を作っているだろう」というのも「社会事象」である。このようなことを勉強するわけである。

一、二年生は、生活科で自分と人や社会とのかかわりを学ぶ。社会科としては、三年生では、身近な地域や市町村、四年生では都道府県のことになる。五年生で、日本全体のことを学ぶ。六年生は歴史を学び、空間に加えて時間をさかのぼる。

一、二年生の勉強は、直接「見たり聞いたり」できる内容である。三年生も、市、町、村のことだから、その気になれば、出かけられる。

ところが、高学年はそうはいかない。日本全体を学ぶのである。親の田舎くらいなら行けるだろうが、日本全体は不可能である。まして、歴史ともなれば、その現場に行ける人は、誰もいない。タイムマシンは小説の世界のことである。このように、行くことができない、見ることもできない「社会事象」を学ぶのである。

そこで、重視されるのが「資料」である。写真、グラフ、文字資料などを手がかりに「社会事象」を考えることになる。だから、「グラフ」や「写真」や「資料」を読みとる力が大切になるのである。社会科にとって「グラフ」「写真」を読み、そこから社会事象を考えることは、学習の中心とも言えることなのである。

例えば、何ということもないグラフ。このグラフでさえ、「だんだんふえている」「だんだんへっている」「ずっと同じだ」「急にふえた」「急にへった」「へったりふえたりしている」というようないくつかの見方ができる。「急にへった」グラフは、例えば「戦争」のような重大事件が生じたことを意味する。

このような学習は、ビジネスマンの父親が得意の所だろう。ぜひ「社会科のテスト」を父親の目から見ていただきたい。

5　理科の勉強　二つのポイント

小学校の理科の勉強のポイントは二つである。

① **飽きるまで実験や観察をさせる**
② **その結果を簡潔にまとめる**

小学校で特に大切にしているのは①である。これを言いかえると「飽きるまで物にふれさせる」と言うことができる。理科の勉強は「教科書」や「問題集」だけでは不十分である。「物」にふれさせることが大切である。「物」をいじらない「理科」は「タタミの上の水泳練習」と同じである。あまり意味がない。このことを知っているだけで、親としての心構えは違ってくる。

一緒に「植物を育てよう」とすることや、「星の観察」をすることなどが、実はとても大切だということが理解できるからである。理科の勉強のできる子供のお母さんは共通している。それは、子供と一緒にいろんなことにつきあってあげるお母さんである。

私の教え子で印象に残る親子がいる。中学入試をひかえた六年生の夏、この親子は海へ三回出かけた。海水浴のためではない。岩場に出かけたのである。この子は「うみうし」に興味を持ち、どうしても実際の場で見たいからというのである。

お母さんは、それにつきあった。普通なら「それどころじゃないでしょう」と言いたい所である。まして熱い日差しの中である。それをこのお母さんは、文句も言わずにつきあった。夏休みの自由研究はもちろん「うみうしの研究」である。

そして、冬。入試直前である。この子は凧に熱中した。冬休みの間に立派な立体凧を作ってきた。このためかどうか、この子は第一志望の有名私立中に落ちた。第二志望の学校に入った。が、その後、筑波大学付属高校へトップクラスで入り、東大理Ⅰに現役で合格した。

この子が「理科系」を選んだ理由（動機）の一つは「うみうし」「凧」であることに間違いない。小学校の勉強は、これからの基本である。「問題が解ける」ことだけでいいわけがない。

理科の時間に「じゃがいも」の授業をした。

まず初めに「じゃがいもは何でふえるか」という問いを出した。「じゃがいもはじゃがいもでふえる」という答えがあって、全員が賛成した。次に一、二、三年の学習を思い出させた。つまり「へちまはたねでふえた」のであり、「ひまわりもたねでふえた」のであり、「あさがおもたねでふえた」ことをである。

私は「じゃがいもにたねはあるか」を問うた。子供たちは「じゃがいも＝たね」という結論を出した。

そこで、読者の方々に問う。次のＡ・Ｂの子供の結論は正しいか。もし誤りならどこが間違いか。

Ａ．じゃがいもはじゃがいもでふえる。

Ｂ．じゃがいもはじゃがいものたねである。

もってきた「じゃがいも」を机の中にしまわせた。ノート一ページに「じゃがいも」の絵を描くように指示し、さらに芽と根の出てくる様子を想像させた。

次のページの図の四案が出た。安生君が稲垣案に追加をした。「芽はへこみから出る」というのである。どれに賛成するか手をあげさせた。

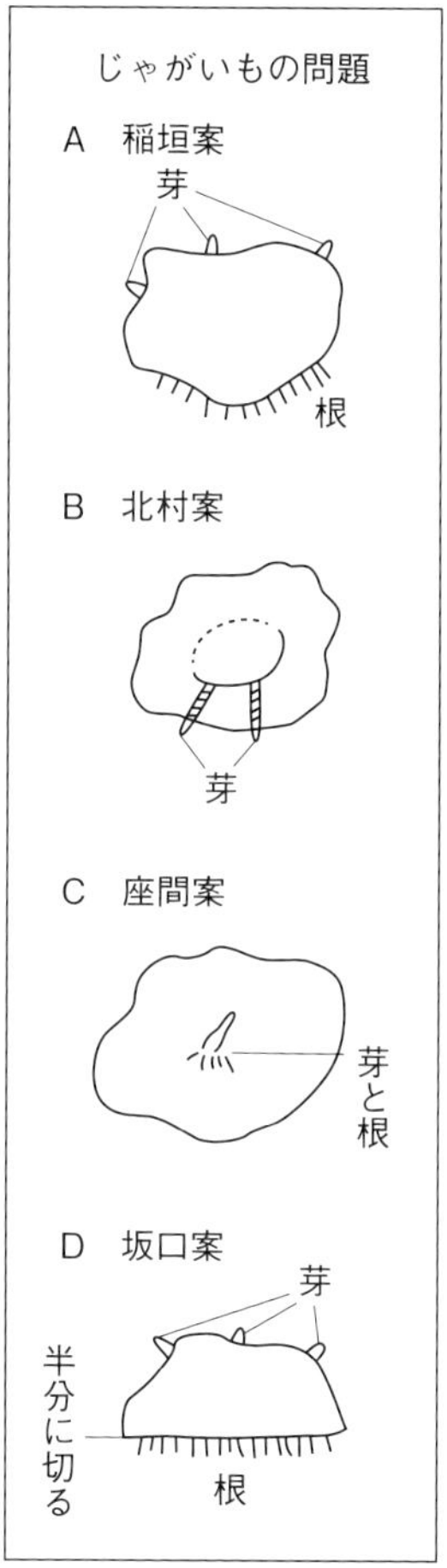

図8　じゃがいもの問題

A…二十二人、B…一人、C…五人、D…八人であった。

手を上げるとき、子供たちは他人の顔を見ながら上げている。私はいまは、これで良いと思っている。「A君と同じにしておけば間違いない」という考えも、一つの立派な判断である。それがやがて「A君の正答率は七〇パーセントぐらいである」というように変わり、「どうせ間違えるなら自分で考えよう」というようになり、「A君が間違いで自分が正しい時もある」というように変わっていくと確信している。

持ってきた「じゃがいも」を出させて観察させた。意見に移動があった。C案に賛成した坂本さん、久保田さん、大野さんがAに移ったのである。原田さんがC案で動かず、座間さんが迷っていて結局C

案にもどった。他は移動なしである。子供たちがこのように考えたのにはいくつかの原因があった。
①B案、D案の人は、切らなくては分からないと思い込んでいた。
②A案、C案の人は、じゃがいものくぼみから芽だけが出ているように思った。
多数決ならA案に決まりである。しかし学問の世界は多数決原理はなじまない。「真理か否か」なのである。しばしば、少数の側に真理がある時がある。このことを体験させていくことは、大切な学習であると私は思う。

大野さんが、大変に良いじゃがいもを持ってきていた。芽が五センチぐらい伸びているじゃがいもである。これを見ると、芽と根は同じ所から出ているのが分かるのである。座間、原田二人の意見が正しかったのである。

この後、条件を違えて水栽培をする方法を考えさせた。熱中して学習に取り組んでいた。

親子で協力するといろんなことが可能である。私が一年生の担任の時「磁石」をめぐって次のような便りをお母さんからいただいた。みなさんはどう思われるか。

答えは、書かない。答えを書いて、それを覚えてもしようがないのである。

どの家にも磁石はあると思う（これも問題になる。みんなで探してみていただきたい。冷蔵庫のとびら、ランドセルの口がね、筆箱のふた、いろいろある）。

実際にやってみていただきたい。一緒にやってみることが大切なのである。

次に「空きかん」を並べてみて、つくかつかないか予想してみていただきたい。これもいろいろあるものである。

夕食の後で、磁石の話をしました。次女も、学校での体験を話していました。

私が「1円玉、5円玉、10円玉、50円玉、100円玉、500円玉のうち磁石にくっつくのはどれだと思う」と言ったところ、おおさわぎになりました。とても整理がつかないので、お金をテーブルの上にならべました。

長女と次女が磁石を持ってきました。

「ちょっとまって！　まだ、やってはだめ」

わくわくしながら、メモとえんぴつを用意して、予想しました。みんなの予想は次の通りになりました。

	1	5	10	50	100	500	旧50
次女	× （※早く磁石をくっつけたくて大さわぎでした）						
長女	×	×	×	×	×	×	×
主人	×	×	×	○	×	×	○
わたし	×	×	×	○	○	○	○

予想が出たあと、なぜそうなるのか、これがまた大さわぎで、調べてみることになりました。この間、何と1時間もかかり、とってもつかれました。

図9　お母さんから頂いた「磁石」をめぐるお便り

電気の回路についての学習でも、論争が起きた。

上級生とて同じである。次の問題を出すと戸惑う子が必ずいるのである。

図 10　どちらの電球が明るいですか

次の電球の明るさはどれですか。
ⒶⒷⒸⒹから選びなさい。

Ⓐ 同じ明るさ
Ⓑ ㋐がほんの少し暗い
Ⓒ ㋐が半分くらい暗い
Ⓓ つかない

図 11　「ほんの少し」を加えると

どこが違うか分かりますか。
㋐は、電球が下の方にあり、㋑は上の方にある。

この問題を出すと、半分くらいの子は「㋐の方が明るい」と言う。「水道から水が流れる」状態を想像するのである。㋐の方が、下へ行くから「水（電気）は流れやすい」と思うわけである。

これは、実験するとすぐわかる。同じ明るさである。

この問題を、もう少し意地悪に出す。「ほんの少し」という言葉を加えるのである。子供は「ほんの少し」という言葉を選ぶ（これを、向山の「ほんの少し」理論という。人は自信のない時「ほんの少し」という言葉が入った選択肢を選ぶということである）。

この解答は次のようであった。

Ⓐ 同じ明るさ　七人
Ⓑ ㋐がほんの少し暗い　十六人

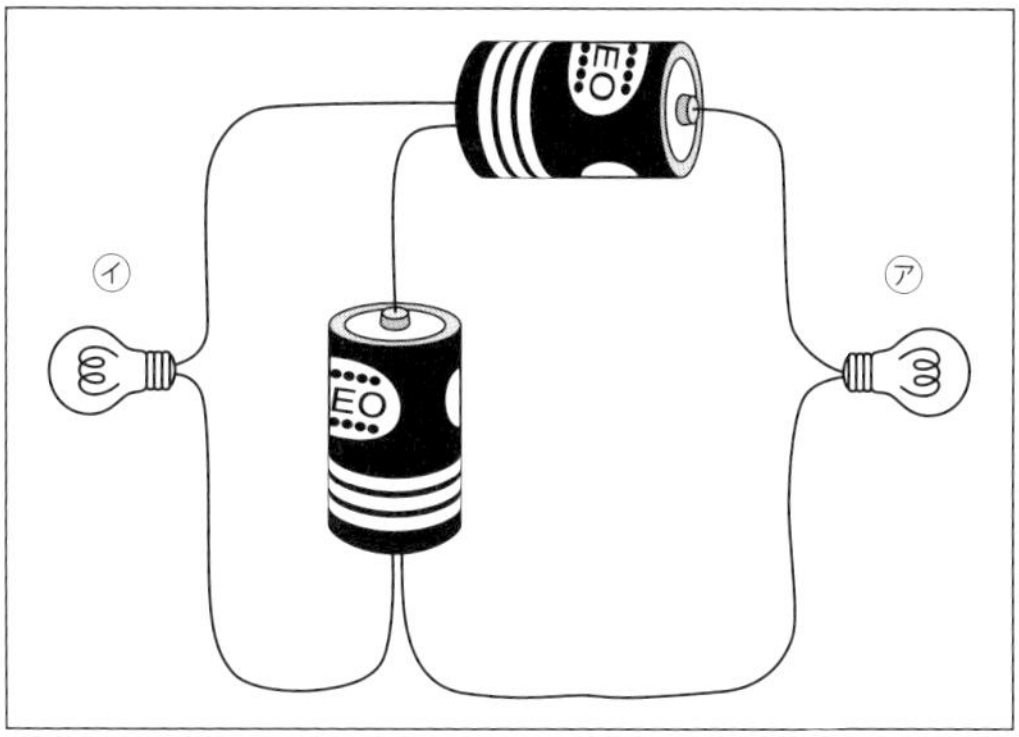

図 12　㋐㋑の電球はどうなるか

Ⓒ　㋐が半分くらい暗い　　八人
Ⓓ　つかない　　　　　　　三人

これは、子供の経験が「あやふや」なことを示している。だから、経験を簡潔にまとめることが必要になるわけである。

図12の回路は、四年生が考えた回路である。それぞれ㋐㋑の電球は、どうなるでしょうか。それはなぜでしょうか。

この勉強は次のことを学ぶ。

①電気は回路ができると流れる。
②電気は流れやすい方を流れる。
（ショートする時もある）

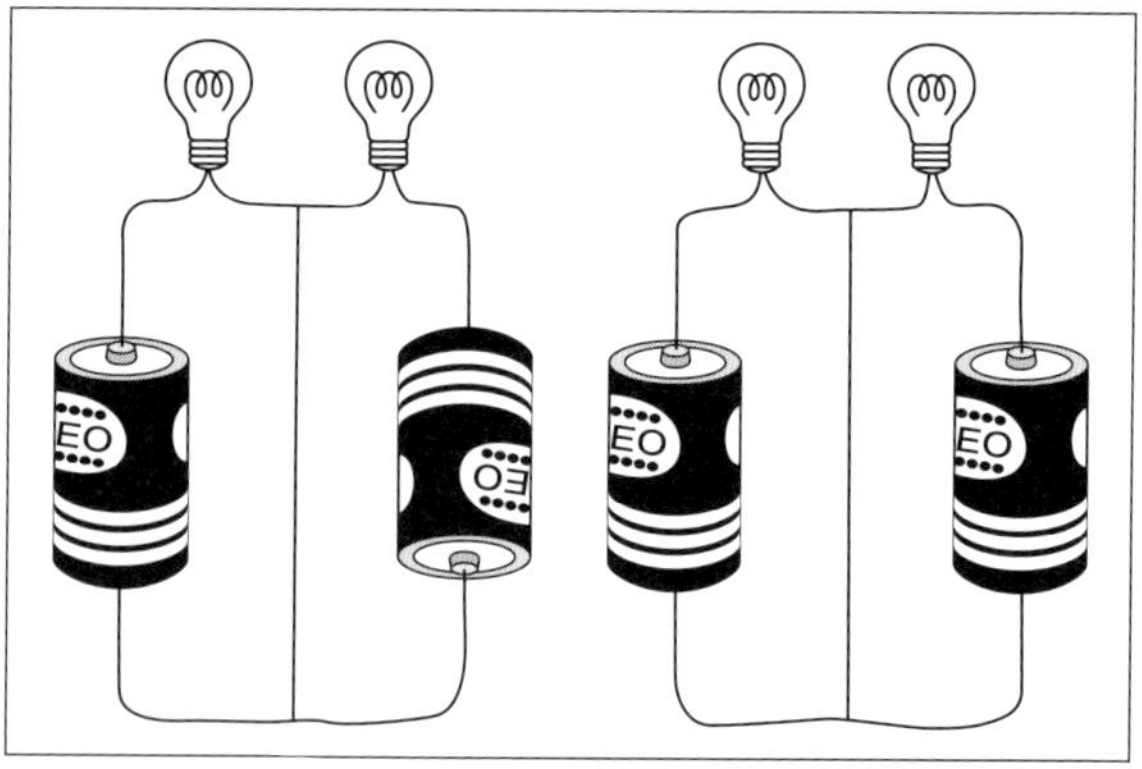

図 13　電球はどうなるか

①②のことを使うと、答えは出てくるが、やはり、本当にやってみないと分からないものである。

最後に、私のクラスに参観にきた、多数の東大生を悩ませた問題が**図13**である。これも子供が作った。

これらの問題も、ぜひお子さんとやってみていただきたい。実験材料は、安く手に入れられる。いろんな回路を作ってみていただきたい。その時は、必ず前もってしっかりと予想する（仮説と言う）。できたら理由（へ理屈でいいのである）をつける。そして、実験していただきたい。お子さんと競争でやると、実に楽しいものである。こういうことが、理科好き、科学好きの子に育てていく。

6 体育の指導のポイント

ＮＨＫテレビでプロ野球の江夏投手と対談したことがある。何をするにも基本が大切という話になった。江夏さんの所には、いろんな子供のお母さんが相談にくるそうである。

「中学校の野球大会で優勝したピッチャーなのですが、将来はプロ野球選手になれるか」

というような相談である。

江夏さんは、中学や高校でいくら優秀でもプロになれるかどうかは分からない——と言う。それより、もっと基本のことがあるというのである。それは「基礎体力づくり」である。身体を動かすことによって体が鍛えられていることが基本というわけである。だからスポーツは、何をやってもいいというわけである。何かのスポーツで身体を鍛えていることの方が、多少野球がうまいか下手かより大切というわけである。

これは、プロ選手になるための心構えであるが、ご家庭での「体育」指導でも同じことが言える。何か一つの種目で身体を鍛えていること——それは野球であろうとスイミングであろうとバレーであろうと少林寺拳法であろうとかまわない。何か一つのスポーツをしていること、それが望ましいわけである。

というのも、世の中はスポーツの好きな子だけではない。スポーツ大嫌いという子もいるはずである。

その中で、特に多いのが、「跳び箱」「鉄棒」「なわとびの二重まわし」の苦手な子である。

ところが、これには特効薬がある。すべて、私たちの研究会で開発した方法である。ＮＨＫを初めさまざまなテレビ局で紹介されている。

跳び箱を跳ばせることは、すぐにでもできる。そしてできてみれば、こんな簡単はことかと思うくらい、あっけないものなのだ。では、なぜ跳べないのか？

原因は、腕を支点とした体重の移動ができないためである。これがなぜむずかしいかと言えば、子供にとっては、未知の感覚だからである。

経験をお持ちの方が多いだろうが、自転車に乗れない子には、自転車の荷台をつかまえてやって、走らせる練習をする。するとしだいに、乗るという感覚が体得できてくる。跳び箱を跳べない子も同じことが言える。体重移動の感覚をつかませればよいのだ。これが体得できればすぐ跳べるようになる。

どうやって体重移動の感覚をつかませればよいのだろう。私は、これを二つの方法で行った。

〔Ａの方法〕

⑴図のように、跳び箱をまたいですわらせる。

「またいでごらんなさい」

⑵跳び箱の端に手をつかせる。

図 14　跳び箱の跳ばせ方・A の方法

「跳び箱の端に手をついてごらんなさい」
(3)両足の間に入れた両手で体を持ち上げさせる。
「ゆっくり体を持ち上げてごらんなさい」
(4)飛び降りさせる。
「飛び降りてごらんなさい」
(3)と(4)を別々に書いたが、実際には続けた動作になる。
そして次の様に説明を加える。

「跳び箱を跳ぶというのは、このように両腕で体重を支えることなのです」

ふつうは(1)～(4)を、五、六回やれば十分である。

［Bの方法］
(1)補助する人は跳び箱の横に立つ。右利きの人は子供が右手方向から走ってくる側に立つ。左利きの人は子供が左方向から走ってくる側に立つ。
(2)走ってくる子供のひじを左手で支える（(2)(3)は右利きの人の場合）。
(3)右手で子供のお尻の下を支え、子供を送り出してやる。
(2)と(3)は同時に行う。つまり、右手と左手は一緒に動く。

図 15　跳び箱の跳ばせ方・B の方法

ここで注意したいことは、手に力を入れすぎ、子供を持ち上げてしまわないことだ。上には動かさず水平に動かす。これが右手の動きのポイントだ。体重の重い子や、お母さんのように力がない人が補助する場合など、片手だけでは支えきれない時は、両手でお尻を支えればよい。

何回かくり返しているうちに、手にかかる体重が軽く感じてくる。それがとてもよく分かる。「もう大丈夫だな」と思ってから、二回ぐらい余計に跳ばせる。この時は手で支えるふりをしながら、手を引っ込めてしまう。私の場合、ここまでで通例七、八回だ。これで、ほとんどの子は跳べるようになる。成功率九八％である。

「逆上がり」ができるようになる方法は、これまでにはなかった。跳び箱と同じように、これまでは、「がんばれ」「もう少し」と、ただ何度も同じことをくり返す方法しかなかった。

教師が必死になって指導しても、１ヶ月、２ヶ月、時には１年以上もかかる場合がある。

私たちの仲間の飯田勝己さんや根本正雄さんが考えついた画期的な方法は段階式台付鉄棒である。これは逆上がりをする際に、足の方に台を置いて、けりをしやすくしてやる方法である。この台をだんだん低くしてやれば、最後に台の補助がなくても、ほとんどの子が逆上がりができるようになる。最近では、逆上がり補助板が学校でもよく見られるようになった。

また、昔ながらの方法で腰が鉄棒から離れないようにするために、タオルを使う方法があったが、その原理を生かして、開発したTOSSオリジナル商品の鉄棒補助具「くるりんベルト」と言うものがある。

写真２　くるりんベルト

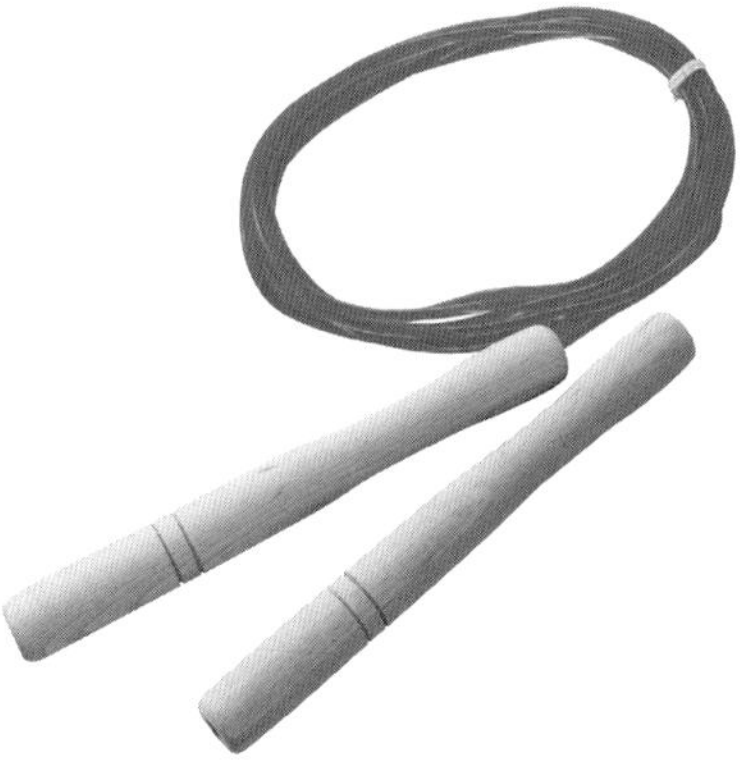

写真３　スーパーとびなわ

ＮＨＫや他のテレビでも取り上げられた。くるりんベルトを使うと、鉄棒近くに腰が固定される。

保護者や教師のわずかな補助で、驚くほど簡単に逆上がりができてしまう。

「逆上がりができた！」という感覚を日常的に繰り返して体感することで、子供たちは逆上がりの基礎技能を楽しみながら獲得することができる。鉄棒とベルトがこすれあう部分に強い素材を使い、補強を加えているので、タオルを使った指導に比べて安全である。

なわとびの二重まわしの練習は、何と言っても「なわとびの柄」である。柄の長さが長いのがいいのである。柄が長ければ、回転力がつき、二重まわしがやりやすくなるわけである。柄の長いなわとびも、ＴＯＳＳがオリジナルで開発した。

水泳指導についても実践がある。私は泳ぐことが苦手だったから、子供たちを泳がせたいという気持ちを人一倍強く持っていた。私は泳げない子を教えるのが好きである。水をこわがって逃げまわる子を教えるのが好きである。私自身が長い間泳げなかったから、泳げない子の気持ちがよく分かる。泣きわめいて私にすがりつく子の気持ちがよく分かる。

そんな時、私は抱きつかれたまま水の中に入り、その子の味方になる。

「ごめんな。すぐ出るからね」

一年生は、しっかり私にしがみついたまま、

「本当にすぐ出る?」

と聞いてくる。

「本当だよ。すぐ出るよ」

私は「すぐ出るよ」と、その子に言い聞かせつつ、水の中を歩く。他の子供たちのあげる水しぶきがかかる。

私は、「しょうがないなあ、あの子たち。でも、みんな夢中だから、許してあげようね」と、水をかけた子のことを「しょうがない」と言い、また「許してあげようね」と言う。しがみついた子は、「うんん、許してあげる」などと言い返してくる。

私はあちらに動き、こちらに動き、時には水のかかる方に行って、わざとその子に水がかかるようにする。しかし、「もうすぐ出るよ」「ごめんね」などと言い続ける。

そして、一度、抱いたまま、水の中にザブンともぐる。その子が大声で泣く前に、「ごめん、先生ころんじゃった。許して」と、あやまる。しがみついた子は、顔がびしょぬれになり、水をぬぐっている。しかし、「ころんじゃった」という私の声で、少しは落ち着いている。私はこうして、何回かころぶ。私にしがみついていた子が、しだいに水に慣れていく。

自分から水に入れる子を浮かすのは、もっと好きである。そんな子は、すぐにでも浮けるものなのだ。

平泳ぎの形がようやくできた子に呼吸の仕方を教えるのも好きだ。いままで五メートルしか泳げなかった子が、その場で二十五メートル泳げるようになるのである。

水を口から出して、「パッ」と吐き出す呼吸法は、「ドル平《ひら》泳法」という初心者指導法とともに広まっているが、私は高校一年の時、在学していた「小山台高校」の先生から教わった。三十年近くも前のことである。「顔を出して、パッと吐くだけでいいんだ」と、何度も練習させられた。このような方法は、きっと多くの教師の手によって磨き上げられ、伝えられていったのだろうと思う。

7 受験勉強のポイント

受験勉強をさせたいと思われている方もいるだろう。受験勉強をする時の心がまえをいくつか述べてみたい。

親がすべきことは「志望校を決め」「子供の実力を知り」「戦略を練る」ことである。どこの学校に入りたいかはっきりしないようでは作戦の立てようがない。志望校を決めるのは、あるいはある程度絞るのは、親の大切な仕事である。

次に自分の子供の実力を知ることである。自分の子供の実力は、進学教室の実力テストなどを受験させるのが分かりやすい。志望校を決めて子供の実力が分かると、「落差」がはっきりする。

私の経験で言えば、この「落差」が意外と大きい。私が「Cクラスなら入れるだろう」と思っている子の親が「特A」の希望を持ってくる。そんな時、私は反対はしないが、困難が大きいのでがんばるように励ます。「落差」がさほどなければ、毎日一時間程度の家庭学習で十分であろう。教科書を何回もやり、うすい問題集を完全にしあげれば十分である。

問題は落差が大きい時である。この時、親は「戦略」を作らなければならない。戦略とは、合格するまでの企画である。

第一は、どれだけの分量の学習をすればよいか示す。例えば「教科書を五回読み、問題集を完全にやり、塾のテキストを終了させる」というような内容である。ここでのポイントは、問題集は一冊にするということである。あれこれ何冊も手を出すのは、失敗する子のよくあるパターンである。一冊に絞り、そこにある問題はすべて解ける——というようにすることが合格の鉄則である。

第二に、右にあげた分量をこなすのに「塾」へ行かせるのか「家庭教師」をつけるのか「親が教える」のか「自分でやらせる」のかを決める。中学受験は子供一人では荷が重いのである。

第三に、右のことをこなしていくための時間割を作ってやることである。行きあたりばったりではだめである。ここで注意をするのは、あまり夜ふかしをさせないこと——当然、睡眠時間はきちんととらせる。半分眠った頭で勉強させても、能率は十分の一以下であり、効果はない。むろん子供の身体に悪い。計画は一〇〇パーセントできるなどと思わないこと。どなたも経験ずみのことだろう。計画は八〇パーセントできれば上出来と思っていなくてはならない。

第四に、右の計画を日々チェックしてやり、必要なら時間割を修正してやることである。つまり、親はマネージメントをしてやるということが仕事なのである。

第五章

今だから言える父娘の本音
（インタビューを編集したものです。）

父：ＴＯＳＳ代表　向山洋一

娘：ケニア伝統楽器ニャティティ奏者
日本ケニア文化親善大使

娘（向山恵理子　ケニア伝統楽器ニャティティ奏者）の本音

1 間近で感じた両親の「生き様」

父は、枝葉に触れるようなことはせず、最初に方針などは示してくれて、後は任せてくれました。おそらく、子育てに限らず、仕事の仕方などでも一貫していたと思います。

今思うと、子供の頃に規則正しく生活をするという習慣を与えてくれたことが大きかったと思います。両親が自分の道を歩んでいるという「生き様」のようなものを間近で見せてくれたことのおかげで、私も好きな道を歩いてくることができたと思います。

両親ともそれぞれ、好きなことを貫いて生きてきて、それが社会へも貢献しているという例を見ているからこそ、自分もという気持ちになったのだと思います。

本当の意味で、父の仕事を理解できたのは、私が、高校二年生の頃、父の著書をはじめて読んだ時でした。父の著書を通じて父親というよりは、一人の人間の熱い生き様に感銘を受けました。

❷ 父の子育て

父の子育ての方針だったようで、チョコレートなど甘いものは、とりませんでした。清涼飲料水、糖分の多いお菓子全般です。大人になった今でも、テレビはあまり見ませんし、チョコレートもあまり食べません。中学になってから、部活後などに炭酸飲料は飲んだことがありますが、子供のころは、全く口にしませんでした。一時期、レモンスカッシュにはまった頃もありました。その時の味は格別だったことを覚えています。

小学校高学年の頃に、勉強の仕方を教えてもらったことはありました。当時塾に通っていました。そこで出た問題用紙の設問番号のとなりに□を書いて、出来た問題とできなかった問題にそれぞれ違う記号を付けて、二週目は出来なかった問題を解いていきました。それを最後まで繰り返してやっていくというやり方です。

テレビについては、ルールがあって、視聴時間は、一日一時間で、十九時台までというようなものでした。小さい頃は、一時間以上テレビを見たことはありませんでした。

父は、心配はしても、頭ごなしに禁止したり、力づくで、抑えようとしたりすることは決してありませんでした。ライブの際についてきたのも、それは、私がまだ中学生だったからですし、高校になってからは、そのようなことはありませんでした。

具体的に何歳の時、どう言われたかはでてきませんが、父はいつも、「絶対にできる」「恵理子なら必ずできる」と言っていました。その結果、今こうして好きな音楽を仕事にできたということだと思います。

父は、小さなことでも褒めてくれました。表面的なもので褒められるのではなく、根本的に「恵理子なら絶対にできる」と思っていてくれたことが大きいと思います。

3 読書環境と読み聞かせ

両親が読書家であり、著書もいくつかあって、本がたくさんある環境でした。両親がテレビを見る習慣がなかったため、私も自然にその環境を受け入れていました。

父と母が一日一時間くらい読み聞かせてくれていました。母が言うには、小さい頃は、「ノンタン」シリーズや、「バーバパパ」が好きだったようです。

父は毎週水曜日が担当でした。父はドラマ仕立てに面白おかしく読んでくれたのですが、私は何度も読んでいた本なので、細かく覚えていて、父が脚色して読んでいたところをその都度指摘していたようです。父が酔っぱらって帰宅し、先に寝てしまった時には、私が父に読み聞かせをしていたらしいです。

三歳から、小学校二年生まで、読み聞かせは続けてくれたそうです。寝る前の儀式というか、それが習慣になっていました。ただ、父の場合、時には「耳なし芳一」のような、寝られなくなるような怖い話を読むこともありました。父は、活字であれば、何でもOKでした。小説はもちろん、ファッション誌やマンガ本もOKでした。最初のうちは、マンガ本も多かったですが、重ねるうちに小説など活字中心のものが多くなっていきました。父もマンガは好きでした。私は結構男性が好む「ブラックジャック」のようなマンガ本をよく読んでいました。

父はマンガ本でもなんでもOKのいわゆる「雑種」的な読書でしたが、母は「これを」という感じで一冊を厳選する「一冊入魂」スタイルでした。私が十歳の頃、吉野源三郎の「君たちはどう生きるか」を読んだことを今でも鮮明に覚えています。私の読書スタイルは、雑種系の父のスタイルが七・五割、一冊入魂の母のスタイルが二・五割という感じです。

4 夢を追いかける

父からは、小さいころから、「恵理子、好きなことをやりなさい」と言われて育ってきました。好きなことだったら、苦労を苦労と思わないので、好きなことを仕事にしなさい、と散々言われて育ってきて、やっと心底やりたいと思えたものが、ケニア音楽でした。父も、まさか、アフリカに行くとは思わなかったのでしょう。

アフリカ音楽に出会って、魅力を感じた時に、この音楽は現地に触れて学ばなければ、本当の意味で習得は出来ないと心の底から思いました。そうなると、「絶対に行く」という気持ちは変えられませんでした。

決意を固め、最終的には、現地に向かうことになり、父に言いましたが、「絶対にダメだ」と言われてしまいました。結局説得はできず、家出同然のような形で、ケニアに旅立ちました。

母は、父と違い、その辺は、ドライと言うか、独立精神旺盛な人なので、「行きたいなら行ってきなさい。ただし、一週間に一回くらいは、連絡をしなさい。」と送り出してくれました。

ケニアに旅立つ際、父宛ての手紙を書き置いていきました。ただ、当時父は、その手紙を読まなかったそうです。というか、悲しくて読めなかったそうです。

アフリカと言うと、命の危険、といったイメージがあるかもしれませんが、一端村に入ると、村人全員が、私のことを娘のように大事に守ってくれました。そういった意味では、安全に暮らすことができていました。

現地で最初に習得したのは、スワヒリ語でした。ですので、私の第二言語はスワヒリ語です。その縁もあり、ＮＨＫラジオのスワヒリ語講座に出演させて頂けることにもなりました。実は、スワヒリ語は、日本人にとっては、それほど難しくはないのです。私は、スワヒリ語は、半年間くらいでマスターしました。

その後、スワヒリ語をベースにルオ語を勉強しました。スワヒリ語・ルオ語の辞書はありますので、まずはスワヒリ語を勉強しなければならなかったのです。ルオ語は、ニャティティを演奏するルオ族が使う言語なのですが、ルオ語を話すのは、村人を含め、300万人しかいないのに対し、スワヒリ語は、アフリカ東海岸の五か国で広くつかわれています。スワヒリ語とルオ語を話せる日本人は、私の知る限り私を含め、二人だそうです。

元々、私は英語が苦手と言うか、好きではありませんでした。海外の人とコミュニケーションを図るのは、もともと好きだったのですが、どうも、日本語からいきなり英語を勉強しようとしても、身に入らない状況でした。ところが、ケニアに音楽留学し、スワヒリ語を覚えた後は、不思議と英語が身についてきました。ですから、私は、英語が第四言語なのです。

私が外国人と交流が好きなのは、母親の影響が大きいと思います。母は四十代から英語を学び始め、苦労の末に習得しました。母は外国人の友達が多いのです。母を訪ねて、外国の方がやってくる環境にいたので、私もそうした交流が好きだったことにつながっていると思います。

父親（向山洋一　日本一の民間教育団体　TOSS代表）の本音

1 読書と読み聞かせ

私は、娘が小学校の低学年の頃から、定期的に本屋に連れて行って、十五分で三冊好きな本を選ばせることをやっていました。

買った本は、家に帰ると私に「読んで」となりますが、子供ですので、時には何日間も続けて同じ本を読んでほしい、ということも多々ありました。

私が娘に読み聞かせたのは、基本的に娘の就寝前でした。私が仕事疲れで、うとうととして寝てしまうこともありました。それが一～二年と続いていくと、娘は、私が寝てしまうと、親に頼らず自分から読むようになっていきました。娘の子育てを振り返ると、それが、娘が本を大好きになった理由だったと思っています。

娘が成長するにつれ、自ら読みたい本を選び、「お父さん今日はこれが読みたい」というようになってきました。

2 勉強方法と子育て

私の母は、勉強をはじめ、口うるさいことは全く言いませんでしたが、小学校に入学してすぐ、ノートに書いた私の文字を消して、「もう一度、丁寧に書いてごらん。」と言われたことがありました。今思うと、「丁寧に書く」という初めての母からの教えでした。「ノートをきれいに書く」ということはとても大切なことです。

教え子を振り返っても、ノートをきれいに、丁寧に書く子は、高学年になるにしたがって、確実に伸びていきます。アタマの回転が速い子よりも、ノートをきちんと丁寧に書く子のほうが、確実に伸びていく感じがします。ただ、男の子の中には、整理整頓が荒っぽくても伸びていく子がいます。

算数の場合、「丁寧に書く」と言うよりは、「きちんと取り組む」ことにつながりますが、すべての問題に「できる」「できない」のチェックをさせます。そして、できないところをできるようになるまで、その問題チェックを繰り返していきます。そうした勉強方法は、娘にも言いました。教科書でよいのでとにかく最初から最後まできちんとやる。やたらとたくさんの問題集に手を出して、どれも中途半端に終わるというのは良くありません。

とにかく、「やりきる」ことです。塾などで出している問題集でページ数が多いもので、最初から最後までやりきるのが難しい場合は、例えば、まずは、奇数番号のページだけやればよいのです。そうすれば、やるべきページは、半分になります。場合によっては、3の倍数のページのみでも構いません。その代わり、「最後まで」やりきることです。

これをやっていけば、学力の一定水準までは、確実に高めることができます。受験などの勉強方法もほとんど、これでよいはずです。社会科の場合は、教科書に小さく載っている写真の解説まで読ませます。

テレビは、禁止と言うより、見ない方がよいということです。あとはチョコレートも進めませんでした。私は、チョコも大好きで食べていましたけど……。甘いものは、脳に良くないというので、意識的に取らせないようには気を付けていました。娘は、今も甘いものは、好きではないようですし、テレビも見ないようです。

娘に対する「子育て」という感覚は実は、全くありませんでした。前述のように本をたくさん読んであげよう、とは思っていました。私が小さいころ、本があまりなく、親からは言葉で、童話などのいろいろな話を聞いていました。あとは、自分の好きな道を選んでほしいと、それだけでした。

❸ 娘の自立

娘が音楽修業で、ケニアに行く際に、森村誠一先生から、アフリカの生活で必要なことが三つあると言われました。「何でも食べる」「どこでも寝られる」「どこでも出せる」です。後で、娘に当時のことを聞くと、ケニアでは、アリも食べていたそうです。

娘がケニアに行くことは、もちろん反対でした。一人娘ですし、賛成する親はいないと思いますが……。しかも、バスで最寄りの停留所に降りた後に、徒歩二時間というような奥地でした。ちなみにその修業の場のカラプール村（ケニア西部）は、隣村がオバマ前アメリカ大統領の祖母が住んでいる地域なのだそうです。隣村と言っても、徒歩で四時間くらいかかりますが。

「絶対にダメだ」と反対しましたが、娘は「絶対に行く」と……。

私も妻も子供が自分のものだという感覚はありませんでした。それぞれが、ひとりの独立した人間だと思っていました。ただ、一人娘が突然アフリカに行ってしまうというのは、さすがに嫌で反対はしました。

娘が帰国した時は、とにかく可愛い娘が帰ってきたと、うれしくてその一心でした。今娘を見て思うことは、自由で楽天的で、明るくていいかなと思います。友達もたくさんいて、幸せな人生を送っているように思います。

あとがき

私は小学校の教師時代、向山洋一先生と同じ学校に勤務し、担任として、同学年を五年間も組むという幸運に恵まれました。

今から、三十年くらい前の向山先生は、ＮＨＫのクイズ面白ゼミナールの出題をはじめ、書籍の執筆、講演、教材開発などの仕事に、お忙しい毎日を送っていました。日本で一番多くの教育書を出版しました。

公立小学校の教師でありながら、教科教育、教育研究活動、学校・学年・学級通信の発行など様々な教育分野で提案をし続けてきました。

この書籍のもとになった「とっておきの父親学（ＰＨＰ研究所）」は、当時同じ学年を組んでいた時「師尾先生、校正してくれませんか」と言われ、出来立てほやほやの初校を受け取り、読ませて頂きました。その時の衝撃は今でも覚えています。

また、向山先生は、お忙しい毎日でも、父親として、娘さんに本を読んであげていました。向山先生の著書には、学校での授業についても多く書かれていました。学習方法や指導技術についても触れてあり、教師として多くを学ぶことができました。

向山先生とのお仕事は、退職した今も続いています。

この度、TOSS KIDS SCHOOL 家庭教育シリーズ第三弾として、父親に焦点を当てた向山先生の本を出版することになりました。

父親としてだけでなく、母親、教師にとっても貴重な情報が満載です。子育ての時期に親にとって大切にすることは何か、トラブルが起きた時の対応や考え方も学ぶことができます。

あれから三十年の年月が流れ、向山先生が、本を読んであげていた娘さん（アニャンゴ）は、世界を駆け巡るアーティストになり、母になりました。

巻末五章に、父娘の本音として、日本のトップランナー、アーティストになったお二人に語って頂きました。今だから、見えること、言えることがあります。子育てと言うのは、何十年という長い先に見えるものがあるに違いありません。

今、子育て真っ最中の読者にも、学校で教育に携わっている先生方にも、きっとお役に立つことと思います。

発刊にあたり、第三弾も、全国のTOSSの先生方のお力をお借りしました。お礼申し上げます。

本書が子育てのお役に立てれば幸いです。

二〇一八年七月

TOSS中央事務局　師尾喜代子

【執筆者紹介】

向山洋一（むこうやまよういち）

東京都出身。東京学芸大学社会科卒業。東京都大田区の公立小学校教師となる。日本教育技術学会会長。NHK「クイズ面白ゼミナール」教科書問題作成委員、千葉大学非常勤講師、上海師範大学客員教授などの経歴をもつ。退職後は、TOSS（Teacher's Organization of Skill Sharing）の運営に力を注いでいる。モンスターペアレント、黄金の3日間、チャレンジランキング、ジュニアボランティア教育など、教育にかかわる用語を多く考案・提唱している。著書多数。

向山恵理子（むこうやまえりこ）

東京生まれ。アフリカの音楽に魅了され、単身ケニア奥地の村で修業し、現地でも限られた男性だけに演奏が許されているニャティティの世界初の女性奏者となる。日本国内だけでなく、アフリカ、ヨーロッパなどでも広く演奏活動を行っている。日本ケニア文化親善大使。Anyangoとはルオ語で「午前中に生まれた女の子」という意味。

Nyatiti（ニャティティ）ケニア・ルオの伝統弦楽器。もともとルオの選ばれた男性だけが演奏することを許された神聖な楽器だった。足にはガラという鉄鈴をつけリズムを刻み、手では8本の弦を弾きながら歌う。

【編集協力】

伊藤道海　松田信吾　澤田好男　青木翔平　永住若菜　辻　拓也
高山佳己　佐藤あかね

ザ・父親学

2018年 7月31日　第1版第1刷発行

著　　者　向山洋一・向山恵理子
マンガ・イラスト　バーヴ岩下
装丁デザイン　株式会社グローブグラフィック
発 行 者　師尾喜代子
発 行 所　株式会社　騒人社
〒142-0054　東京都品川区西中延3-14-2 第2TOSSビル
TEL 03-5751-7662　　FAX 03-5751-7663
会 社 HP　http://soujin-sha.com/
本文レイアウト・印刷製本　株式会社双文社印刷

ISBN978-4-88290-081-8

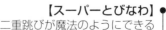

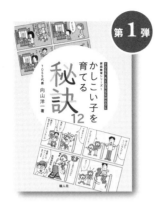

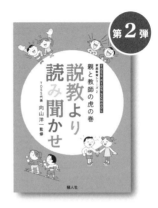

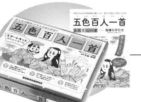

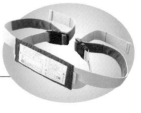